教育心理学视角下的思政教育创新与发展

张乐◎著

武汉理工大学出版社

图书在版编目（CIP）数据

教育心理学视角下的思政教育创新与发展 / 张乐著 .
武汉：武汉理工大学出版社，2025. 6. -- ISBN 978-7
-5629-7463-5

Ⅰ．G44；G641

中国国家版本馆 CIP 数据核字第 2025N6W274 号

责任编辑：尹珊珊
责任校对：何诗恒   排　　版：任盼盼
出版发行：武汉理工大学出版社

社　　址：武汉市洪山区珞狮路 122 号
邮　　编：430070
网　　址：http：//www.wutp.com.cn
经　　销：各地新华书店
印　　刷：天津和萱印刷有限公司
开　　本：710×1000　 1/16
印　　张：12
字　　数：203 千字
版　　次：2025 年 6 月第 1 版
印　　次：2025 年 6 月第 1 次印刷
定　　价：75.00 元

前　言

在现代社会快速变革的背景下，思政教育对于促进个体全面发展和推动社会进步的作用越发凸显。随着教育理念的更新和心理学研究的深入，从教育心理学视角探索思政教育的创新与发展已成为一个重要课题。教育心理学作为一门融合心理学与教育学的学科，为思政教育的有效实施提供了理论支持与实践路径。在这一过程中，心理学的基本原理、研究方法和教育技术不仅深化了教育者对学生心理的理解，也为创新思政教育方法提供了新的思路。

当前，思政教育面临着信息化、全球化等多重外部挑战，如何在复杂多变的社会环境中培养具有社会责任感和创新能力的新时代人才，成为教育工作者亟需解决的问题。教育心理学的引入，尤其是其在学习动机、情绪管理、认知发展等方面的独到见解，为思政教育方法的革新提供了重要动力。心理学的研究成果和教育技术的进步，为传统的思政教育模式注入了新的活力，使其能够更有效地适应学生个体差异，激发学生的内在潜力，促进思政教育的全方位发展。

本书从教育心理学的视角出发，探讨了思政教育的创新与发展路径。第一章介绍教育心理学的基本概念与研究方法，阐述其在思政教育中的应用价值。第二章深入探讨思政教育心理学学科构建的理论基础与实践要求，强调心理学与思政教育的跨学科融合。第三章分析思政教育中的心理环境和接受心理机制，探索其对教育效果的深远影响。第四章着重研究心理咨询与心理疏导在思政教育中的应用，为解决学生心理问题提供有效的对策。第五章与第六章分别从心理育人、群体心理及认知心理角度，提出思政教育方法的创新思路，进而推动思政课教学的理论创新与实践发展。

本书通过对教育心理学与思政教育融合发展的系统研究，旨在为思政教育改革和创新提供理论指导与实践参考，助力培养具有社会责任感与实践能力的新时代青年。我们期待与广大教育工作者共同探索思政教育的创新发展之路，为构建更加和谐与进步的社会贡献力量。

作　者
2025 年 1 月

目　录

第一章　教育心理学与思政教育

在当今社会快速发展的背景下，教育心理学与思政教育的融合成为提升教育质量的关键路径。教育心理学作为一门研究教育过程中个体心理现象及其规律的学科，为思政教育提供了科学的理论基础与研究方法。探讨教育心理学的核心概念及其研究方法，分析其在思政教育中的必要性，并进一步阐述教育心理学理论的具体运用，对于优化教育策略、促进学生全面发展具有重要意义。

第一节　教育心理学及其研究方法

一、教育心理学的基本认知

教育心理学作为教育学与心理学交叉融合形成的一门独立学科，专注于探究教育情境中学习与教学互动的心理机制与规律。虽然作为一门科学，教育心理学仅有百余年的发展历史，尚处于学科发展的青年期，但其在短暂的学术发展历程中已累积了丰富的理论成果，这些理论成果深刻地揭示了学习与教学过程中的基本心理规律，并在教育实践中展现出日益显著的应用潜力与价值。

鉴于此，无论是从事教育管理工作的人员，还是奋战在教学一线的普通教师，深入系统地学习并研究教育心理学均尤为关键。教育工作者对教育心理学知识的有效掌握，不仅能够显著提升教学活动的针对性与效率，更好地促进学生的全面发展，实现教育目标，还能促使教育实践成为科学理性与人文艺术完美交融的典范，推动整个教育体系向着更加成熟与完善的方向发展。

（一）教育心理学的研究对象

教育心理学作为一门独立的学科，其研究对象主要聚焦于学校教育情境中学生的学习心理与教师的教学心理这两方面的基本规律。普通心理学主要研究人类心理过程（如感知、记忆、思维、情绪等）以及个性特征（如动机、能力、气质等）的一般规律，这些知识虽在教育领域具有一定的应用价值，但并不能等同于教育心理学的研究范畴。教育心理学的研究核心在于揭示教育过程中学生与教师的心理现象及其发展变化的规律，尤其是学校教育这一情境中的心理机制。

学校教育作为最具系统性和科学性的教育形式，在个体知识获取与道德品质形成过程中占据主导地位。因此，教育心理学的研究重点通常集中在学生在学校教育中的学习心理以及教师的教学心理。学生学习心理的研究主要涵盖学习理论、知识获取的心理机制、技能形成的规律以及道德品质发展的心理过程等方面。这些规律是客观存在的，教育心理学的任务在于揭示并运用这些规律提升学生的学习效果。其中，学习理论作为学生学习心理研究的核心内容，从行为主义到认知主义再到建构主义，逐步揭示了学习的本质、过程及条件。行为主义理论强调强化在学习中的作用，而认知主义理论则从信息加工、意义建构等角度阐释学习的认知机制。这些理论成果为教育实践提供了重要的理论支持，有助于教师科学设计教学策略，有效提升教学效果。

与此同时，教育心理学也十分重视研究影响学生学习的内外部因素。内部因素主要包括学生的学习能力、学习动机以及学习策略等，外部因素涉及家庭、学校、教材及教师教学等环境变量。例如，学习动机作为非智力因素的重要组成部分，直接影响着学生的学习积极性与成效。教育心理学家通过研究提出了多种动机理论，为教育工作者提供了激发学生学习动机的有效途径。此外，关于学习策略的研究揭示了学习方法对学习效果的影响机制，为教师指导学生掌握高效的学习策略提供了理论依据。

近年来，教育心理学对教学心理的研究不断深入，重点关注教师在教学目标设定、学生学情分析、教学方法选择以及教学评价等环节的心理规律。这些研究为教师提升教学设计水平、实施有效教学提供了科学依据。总体而言，教育心理学的研究始终围绕"学"与"教"这一核心主线展开，旨在揭示两者之间的心理规律及其相互作用机制，从而为教育实践提供理论支持与方法指导。

（二）教育心理学的性质

教育心理学的性质可以从科学性质与学科性质两个维度进行探讨。

从科学性质来看，心理学本身兼具自然科学与社会科学双重属性，它是一门中间学科，这一定位已被学界广泛认可。作为心理学的分支学科，教育心理学自然地承袭了这一特性。它以学校教育情境中学生学习与教师教学的心理规律为研究对象，研究过程与教育实践活动紧密相连，这不仅确立了其在教育科学体系中的重要地位，更凸显了其社会科学属性。

从学科性质角度而言，教育心理学是一门独立且兼具理论性与应用性的学科。其研究对象的特殊性要求其紧密联系教育与教学实践，为教育工作者提供理论支持与实践指导，展现出较强的应用价值。与此同时，教育心理学在服务教育实践的过程中，不断深化理论研究，提炼出多种学习与教学理论，逐步构建起较为完善的学科理论体系，展现出鲜明的理论性特征。因此，教育心理学既是一门基础理论学科，又是一门应用学科，其理论与实践的紧密结合使其在教育领域中发挥着不可替代的作用。

（三）教育心理学的主要内容

教育心理学的主要内容涵盖多个方面，其体系的构建基于对研究对象特点的把握、学科发展历程的梳理以及学科与教材建设经验的总结。

1. 教育心理学概述

教育心理学概述部分聚焦学科的研究范畴、性质、内容及其与其他学科的关系，同时追溯其发展历程，从早期思想的萌芽到学科的正式诞生与发展脉络，为理解教育心理学的学术定位奠定基础。

2. 教育心理学的基本理论

在基本理论层面，心理发展理论与学习理论构成教育心理学的核心支柱。心理发展理论探讨个体心理发展的本质、教育与心理发展的相互关系、认知与社会性发展的理论框架以及个体心理发展的差异性。学习理论作为教育心理学的研究核心，涉及学习的本质、过程、规律以及制约条件等基本问题。因不同学者对学习问题的研究视角和观点存在差异，教育心理学形成了行为主义、认知主义和人本主义等主要理论流派，这些理论为教育心理学研究提供了多元化的理论基础。

3. 学习心理

学习心理是教育心理学的重要研究领域，其研究成果丰富且具有重要的实践价值。该领域涵盖知识学习、技能学习、品德学习、问题解决与创造力培养、学习迁移以及学习动机等多个方面。知识学习是学生学习的核心内容之一，现代认知心理学从信息加工的角度，对知识的类型、表征、学习过程及制约条件进行了深入探讨。技能学习作为学习心理的传统研究领域，关注动作技能与智力技能的概念、形成机制以及培养方法。品德学习同样重要，研究品德的心理结构、形成过程、影响因素以及培养途径。问题解决与创造力的培养是学生必备素质培养的重要组成部分，研究内容包括问题的心理学描述、解决过程、影响因素以及创造力的培养方法。学习迁移的研究则关注迁移的概念、类型、理论依据、影响因素及教学原则。学习动机是影响学生学习的关键因素之一，其研究内容包括动机的概念、类型、对学习的影响以及培养与激发学习动机的途径与方法。这些内容共同构成了教育心理学学习心理领域的完整体系，为教育教学实践提供了丰富的理论支持。

4. 教学心理

教学心理作为教育心理学的新兴研究领域，近年来受到广泛关注，逐渐成为研究重点。该领域的研究聚焦教学过程中的心理学问题，涵盖教学目标的陈述与设计方法、学习准备及其主要内容、学习的最佳时期与教学能力倾向的相互作用、课堂教学的一般方法以及可供选择的教学策略等。通过对这些内容的深入探讨，教学心理为优化教学设计、提升教学效果提供理论支持与实践指导。

5. 教师心理

教师心理是教育心理学研究的重要组成部分，其研究内容广泛且深入。该领域关注教师的角色定位、教师威信的概念与作用、教师威信形成的影响因素以及建立途径。此外，教师的教育能力、个性品质、心理素质与心理健康等也是教师心理研究的重要方面。对教师心理进行系统研究，能够为教师的专业发展提供科学依据，助力教师在教育教学实践中更好地发挥其专业能力与人格影响力，从而提升教育教学质量。

6. 学校管理心理

学校管理心理同样是教育心理学的重要研究内容之一，其研究内容包括学校管理心理的基本原理、课堂学习气氛营造策略以及课堂纪律维持方法等。学校管理心理的研究旨在从心理学的视角，为学校管理提供科学的方法与策略，优化学校教育环境，促进学生全面发展。对学校管理心理的深入研究，能够为学校管理者提供理论支持，帮助其更好地组织与管理教育教学活动，营造积极向上的学校文化氛围，推动学校教育的高质量发展。

二、教育心理学的研究方法

教育心理学在探索教育过程中的心理现象时，依托一套系统且多元的研究方法体系，这些方法大致可划分为量的研究与质的研究两大范畴。

（一）量的研究

量的研究方法作为科学心理学研究传统的核心，强调以数量化形式呈现研究结果，体现科学研究的严谨性和精确性。此类研究基于逻辑实证主义的哲学基础，假定自然现象和社会现象背后均存在可客观验证的单一现实，且这一现实可通过收集的数据加以证实。

在量的研究框架下，研究目的聚焦于揭示个体行为与相关变量之间的必然因果关系或固定相关关系。研究者通常采用假设演绎的研究取向，即依据普遍原理构建假设，并在特定情境下通过严格控制的实验或相关分析进行验证。在此过程中，研究者需要遵循预设的研究程序，保持客观中立，主要依赖仪器、测验、问卷等标准化工具收集数据。研究结果旨在实现不受情境限制的普遍推论，即将特定样本的发现推广至更广泛的群体。

量的研究方法进一步细分为实验研究和相关研究（非实验研究）。实验研究通过操纵一个或多个自变量观察因变量的变化，以揭示变量间的因果关系。相关研究则探索变量间的关联程度，不直接推断因果关系，常用方法包括测验法和调查法。测验法通过标准化测试评估个体的心理特质或能力；调查法通过问卷或访谈收集大量样本的数据，分析心理现象的分布特征或关联模式。

量的研究方法为教育心理学提供了强有力的数据支持，使研究者能够量化分析教育干预的效果，为教育实践提供科学依据。其严谨性、客观性和可重复性能够确保研究结果的可靠性和有效性，推动教育心理学理论不断发展和完善。

1. 实验法

实验法作为教育心理学领域广泛应用的研究方法，其核心在于通过创设并控制实验条件，探究特定条件下心理及行为现象的变化规律。根据实验环境的不同，实验法可分为实验室实验法与自然实验法两大类。

（1）实验室实验法

实验室实验法依托实验室内精心设计的环境和专业设备，通过严格操控实验条件，对心理活动的内在机制进行深入探索。此类实验常借助精密仪器的使用，如行为主义心理学家在实验室中对动物学习行为的研究，以及认知心理学家利用先进技术手段对学习与记忆认知过程的探讨。尽管实验室实验法在数据收集与分析上具有高度精确性和可控性，但其环境与真实情境的差异可能导致结果的实际推广性受限。

（2）自然实验法

自然实验法巧妙结合了真实教育环境与实验条件控制，考察实际教育场景中的心理活动变化。该方法的优势在于生态效度高，即能够反映真实情境下的心理现象，同时通过实验设计的严谨性实现结果的数量化分析。然而，自然实验法在条件控制上面临挑战，如被试者变量的难以完全控制等。在自然实验法中，为进一步增强实验设计的严谨性，研究者常采用真实验研究与准实验研究两种策略。真实验研究通过随机分配被试者至实验组与控制组，确保实验效果的客观比较；准实验研究则因实际条件的限制，通常只能以自然班级为单位进行，虽随机性不足，但仍能在一定程度上揭示变量间的因果关系。

实验法的显著优点体现在三个方面：①研究者能够主动创设并控制实验条件以引发特定的心理现象，相较于观察法的被动等待，具有更高的主动性和灵活性；②实验结果在相同条件下具有可重复验证性，增强了研究的科学性和可靠性；③能够确定变量间的因果关系，这是实验法最为核心的价值所在，为揭示教育过程中的心理机制提供了强有力的工具。

为确保实验法的正确运用，研究者需要遵循一系列基本要求：在实验设计阶段，需要全面考虑自变量操纵、因变量数据收集、被试者选择与分组、等组设立以及无关变量控制，并基于理论背景和研究目的提出合理的实验假设。在正式实验前，可通过小样本试验验证设计的可行性，并根据反馈进行必要的调整。实验实施过程中，需严格执行实验的各项措施，确保实验条件的精准控制。实验结束后，需对收集的数据进行统计分析，进行显著性检验，并撰写详细的实验报告，以全面、准确地呈现实验结果和研究发现。

2. 测验法

测验法通过测量人的心理现象并将其数量化，从而为研究提供可操作的量化数据。测验法涵盖多种类型，包括智力测验、人格测验、认知方式测验、心理健康水平测验以及学科学业成就测验等。其中，标准化心理测量工具由专业心理学工作者编制，经大样本测试建立常模，具有良好的信度和效度。非标准化心理测量工具则由研究者根据具体需求自行编制，经小样本测试后确定相应的信度和效度，如教师或研究者自编的学科学业成就测验。

测验法的核心特征是对同一群体的两个或多个变量进行测量，利用统计学方法计算相关系数，以探究变量之间的关联程度。在教育心理学领域，常借助测验法开展研究，如通过测验法研究智力、成就动机与学生学业成就之间的关系。研究者在确定被试群体后，运用现成量表或自编测验分别对被试群体的智力、成就动机以及学科学习成绩进行测量，并对测量结果进行统计分析，计算相关系数，从而确定各变量之间显著的相关性。

测验法的优势在于实测过程简便，所获取的资料真实可靠，且易于整理与统计分析，适用范围广泛。它不仅适用于相关性研究，还常被用于实验研究中因变量指标的收集。然而，测验法也存在局限性。一方面，测验的编制和选用要求较高，自编测验过程复杂，达到理想信度和效度难度较大，一定程度上限制了测验法的使用。另一方面，测验结果的客观真实性可能会受到被试者主观因素的干扰，如情绪、态度和动机等，这些因素可能会影响被试者对测验题目的真实回答。

为确保测验法的正确使用，需要满足以下基本条件。一是选择和编制符合要求的测验，确保测验具备适当的信度和效度，同时考虑其是否契合研究内容和研究对象的特征。二是测验的施测过程应规范，许多测验需要专业人员严格按照操作程序实施。三是对测验结果的评估应客观，统计要准确，结果解释要科学，同时遵守职业道德，保护被试者的隐私，确保测量结果仅用于科学研究。

3. 调查法

调查法作为在教育心理学研究中广泛采用的一种方法，旨在通过向被试者提出问题并收集其回答，以揭示特定心理活动的发生及其条件。该方法主要包括结构访谈法和问卷调查法两大类型。

（1）结构访谈法

结构访谈法是一种通过面对面的口头交流，针对预设问题获取被试者直接反馈的调查方法，它尤其适用于个体调查或无法进行书面调查的情形。在访谈过程中，所有问题均经过精心设计，且回答选项预先确定，以确保数据收集的一致性和标准化。

（2）问卷调查法

问卷调查法是通过书面形式呈现问题，要求被试者以文字形式作答的数据收集手段，在教育心理学研究中广泛应用。问卷设计灵活多样，能够满足研究者根据实际需求定制问题的要求，从而在较短时间内获取大量信息。问卷调查的结果不仅适用于定性分析，也便于定量研究，增强了研究的全面性和深入性。然而，问卷调查法的局限性在于其数据依赖于被试者的主观回答，可能存在与实际情况的偏差。因此，大样本调查常被视为弥补这一缺陷的有效策略。

在实施问卷调查法时，问卷的设计至关重要。一份完整的问卷通常包含调查题目、被试者基本情况、指导语以及具体问题四个部分。调查题目应适度模糊，以避免泄露调查目的，特别是在涉及敏感问题时。被试者基本情况的收集有助于深入分析调查结果。指导语应简明扼要地阐述调查目的和意义，消除被试者的顾虑，并详细说明回答方法和要求。问卷中的问题应按照先易后难、先封闭后开放的原则排列，以提高数据收集的有效性和效率。

运用问卷调查法时，需遵循一系列严谨的操作要求。在调查前，应充分搜集相关文献资料，精心设计和编制问卷，这是确保调查质量的关键。问卷编制完成后，需要根据研究目的选择合适的被试者样本进行施测，样本选择应考虑年龄、背景等因素，确保结果的代表性。施测方式可根据实际情况灵活选择，包括团体施测和邮寄调查等。调查结束后，应筛选出有效问卷进行统计处理，对开放式问题、封闭式问题采取不同的整理和分析方法，以获取全面而准确的研究结果。

（二）质的研究

自 20 世纪 60 年代以来，心理学研究领域经历了深刻的范式转变。这一转变受到人本主义心理学、认知论等多元化研究取向的推动，同时也深受到人类学、社会学等相关学科研究方法的影响。在此背景下，传统上过分依赖量化研究来揭示心理现象本质及其发展规律的做法受到了广泛质疑。具体而言，学界开始反思：仅凭量化的数字是否足以全面捕捉人类心理现象的复杂性与动态变化？量化结果能否真正反映心理变化的内在真实情况？这些质疑促使心理学界正视量化研究方法的局限性，并探索性地引入了质的研究方法作为补充。

质的研究方法，核心在于以文字陈述的形式展现研究结果，旨在通过深入、细致地描述与分析，揭示心理现象的多元本质及其与个体特征、生活环境之间的复杂关联。该方法在理论取向上呈现出一些显著特点：①秉持自然现象主义观点，认为心理现象是多元且多变的，其本质与个体的独特性及其所处环境密切相关；②研究目的聚焦于理解被试者行为与其生活环境之间复杂多变的交互关系；③研究取向倾向于经验归纳，研究者根据个人经验在研究过程中灵活调整方法，以期获得更为真实、详尽的资料，并通过资料归纳形成临时性结论，而非严格遵循固定程序；④研究者角色具有参与性，他们通过与被试者的深入互动来搜集资料，并基于专业判断对资料进行合理解释，这对研究者的技巧与能力提出了较高要求；⑤在研究结果推论上，强调情境限制推论，重视随机因素的影响，不轻易将结论推广至同类问题，这体现了对研究情境特异性的尊重。

质的研究方法涵盖了多种具体技术，这些方法各有特色，共同构成了质的研究方法的丰富体系。这为心理学研究提供了更为灵活、深入的分析视角，有助于我们更全面地理解心理现象的复杂性与多样性。

1. 深入访谈法

深入访谈法是一种非结构化的研究方法，它强调在访谈过程中，调查者与被调查者围绕某一主题进行自由而深入的交流。在教育领域，该方法被广泛应用于了解学生的学习态度、兴趣、动机及学习方法等方面。深入访谈法的优势在于提问方式的灵活性和访谈内容的深度。调查者可根据访谈的进程灵活调整提问内容，被调查者则能自由地表达自己的观点和态度，从而使访谈内容不断深入。此外，教师通过与学生面对面的交流，不仅能深入了解学生的学业问题，还能增进师生之间的感情，为学生提供情感支持，进而促进学生在学业上的自我改进。

然而，深入访谈法在记录方面存在一定挑战。由于访谈内容的非结构化，准确记录访谈过程和内容较为困难且耗时。在运用深入访谈法时，研究者需要明确访谈目的，虽无固定结构，但需围绕研究目标确定访谈内容和方式。在访谈过程中，研究者应注重谈话技巧，营造轻松氛围，引导访谈围绕主题进行，避免偏离研究方向。同时，应适当记录访谈内容或借助录音、录像设备保存访谈资料，以便后续整理与分析。

2. 个案研究法

个案研究法是一种针对特定个体或群体进行深入探究的研究方法，特别适用于对具有特殊性或典型性问题的个体展开研究。通过聚焦特定对象，个案研究法能够充分挖掘每个被研究对象的独特性，为研究者提供丰富且具体的资料。然而，由于样本量相对较小，其研究结果的代表性受到一定限制。在实际应用中，个案研究法要求研究者全面收集与个案相关的资料，以确保研究的深度与全面性。同时，研究者需要与被研究者建立良好的关系，赢得其信任，为深入研究创造有利条件。此外，个案研究法的目的不仅在于对个案本身的深入理解，更在于通过这种理解探索解决问题的方法，为相关领域的实践提供指导。

3. 文件分析法

文件分析法是通过分析学生在学习生活过程中所积累的相关文件，以探究问题形成的原因。这些文件包括学生的信件、日记、周记、作业、作文、考试成绩以及在校行为记录等。该方法的优势在于教师能够针对学生在日常学习和生活中出现的问题，灵活运用该方法进行研究，从而及时发现问题并加以解决。然而，对于一些涉及学生隐私的文件，如日记和信件，教师在日常工作中难以系统收集，一旦需要时又难以获取。因此，在运用文件分析法时，教师应在日常教育教学工作中有意识地收集学生学习和生活的各种文件，以便为后续分析提供充足资料。通过分析这些文件，教师可以将学生的问题分为长期积累的问题和新近发生的问题。对于长期积累的问题，教师需要深入分析其根源并制定长期解决方案；而对于新近发生的问题，教师应注重及时发现、及时解决，以避免问题的进一步恶化。

4. 教育经验总结法

教育经验总结法是教育工作者对自身在日常教育实践中所积累的教育心理现象进行系统性梳理与规律性探索的重要方法。该方法使教育工作者能够将自身在教育、教学工作中的典型经验及时加以总结，所获取的资料由于贴近实际，因此具有较高的真实性和可靠性。然而，教育经验总结法的成果质量在一定程度上受到教师自身素质和理论修养水平的限制，难以直接达到具有普遍意义的高度。在运用教育经验总结法时，需要选择具有典型性的研究对象，以确保总结出的结论具有一定的代表性。同时，在对教育现象进行总结的过程中，应努力提炼出规律性的结论，并注重创新性的思考。此外，将定量分析与定性分析相结合，可以使总结的结果更加科学、全面。

第二节　思政教育运用教育心理学的必要性

教育心理学是研究教育过程中心理现象及其规律的学科，与思政教育有着密不可分的关系，二者在教育目标上具有内在一致性。[①]

一、思政教育与教育心理学的辩证关系

思政教育与教育心理学之间存即对立又统一的辩证关系，二者在理论基础与实践应用中相互依存、相互促进。教育心理学作为研究教育过程中心理活动及其规律的科学，专注于从心理活动的一般规律和生理机制角度对人进行研究，其理论成果为理解学生的心理特征和发展规律提供了重要支撑。思政教育则聚焦学生的政治思想状况及其活动规律，从社会、生活、学习和心理等维度对学生进行全面研究。尽管二者的研究视角和侧重点不同，但它们均以学生为研究对象，这一共性使两者在理论与实践层面具有高度的相通性。

心理现象与思想现象之间的相互作用构成了思政教育与教育心理学之间辩证关系的核心。心理现象，如认识、情感、意志过程以及个性心理特征等，又反过来影响和制约思想、意识的发生、发展和内容。而思想现象，包括政治立场、观点、意识和态度等，对心理活动的方向和内容具有决定性作用。在思政教育中，教育心理学的理论与方法为思政教育工作者提供了科学依据，帮助他们更精准地把握学生的心理特点和需求，从而设计出更具针对性和实效性的教育策略。同时，思政工作中的实践问题也为教育心理学的研究提供了丰富的素材和应用场景，促进了教育心理学理论的不断发展与完善。因此，思政教师学习并运用教育心理学原理，不仅是提升自身专业素养的必要之举，更是确保思政教育取得成效的关键所在。

二、思政教育运用教育心理学的意义

通过学习和研究教育心理学，思政教师获得了一把新的钥匙，这把钥匙成为他们手中的重要工具。因此，在思政教育中运用教育心理学具有重要意义。

[①] 王青．教育心理学视域下思政教育动力机制研究［J］．世纪桥，2024（23）：81-83.

（一）增强思政教育的科学性

思政教育的理论体系与实践经验经过长期实践的检验，其科学性与有效性已得到了广泛认可。然而，教育心理学的引入进一步拓展了思政教育的科学内涵。思政教育的成效与学生的心理活动规律紧密相连，符合学生心理规律的教育方式往往能取得更好的效果。因此，借助教育心理学的理论框架，对思政教育的实践经验进行系统化、科学化的总结与概括，能够使其在理论与实践层面更加完善，从而实现理论与实践的有机统一。

（二）增强思政教育的预见性

教育心理学为思政教育提供了深入洞察学生心理动态的理论工具，帮助思政教师深刻把握学生思想的成因及其演变规律。从外部行为表现到内在动机驱动，再深入到心理需求层面，教育心理学为思政教师提供了一条清晰的探究路径，使他们能够深入剖析学生的思想根源。同时，通过从学生需求出发，结合其动机与目标，思政教师能够预测其行为表现，提前捕捉思想动态，从而增强思政教育的预见性，占据主动地位。

（三）提高思政教育的针对性

教育心理学还为思政教育的个性化实施提供了有力支持。学生群体在兴趣、爱好、能力、性格、气质等方面存在显著差异，这使得每个学生在接受教育时具有不同的需求与反应。思政教师借助教育心理学的知识，能够深入了解并充分尊重这些差异，因人而异地选择合适的教育方式，实现精准施教，发挥教育的最大效能。

（四）提高思政教育的有效性

依据教育心理学中关于感觉、知觉、思维、想象、记忆、注意等认知规律的阐述，思政教师可以优化教育内容的组织与呈现方式。通过增强教育的直观性、启发性、知识性与趣味性，思政教师能够拓宽教育思路，提升教育质量，从而有效增强思政教育的吸引力与感染力，显著提升教育效果。

（五）提高思政教师的心理品质修养自觉性

教育心理学的学习与运用对思政教师的个人修养亦具有重要意义：①教育心理学的理论基础为思政教师提供了坚实的理论支撑，帮助他们深入理解辩证唯物主义，树立科学的世界观和方法论，摆脱主观主义与形而上学的束缚，进一步端正思想路线，提升理论水平；②教育心理学的知识体系为思政教师的自我教育与自我提升提供了明确的方向。通过学习教育心理学，思政教师能够深入了解自身个性品质的优缺点，有意识地发展积极品质，克服消极品质，从而提升自身的心理素质与教育能力，增强思政教育的说服力与感召力。在思政教育与教育心理学的深度融合中，思政教师应不断探索与创新教育方法，切实提升思政教育的质量与效果，为培养全面发展的高素质人才奠定坚实的理论基础与实践保障。

第三节 教育心理学理论在思政教育中的运用

教育心理学的发展为思政（简称"思政"）教育工作提供了新的思路。具体体现在以下几个方面：通过研究心理状态，提升思政教育的效率和效果；运用教育心理学方法，提升思政教育的温度和力度；运用教育心理学理论知识，创新思政教学方法；整合多种资源，构建积极的思政教育环境。由此，通过运用教育心理学理论，可以增强思政教育工作的科学性、实效性、针对性、主动性、预见性和创新性，提升思政教育工作者的心理品质，为党和国家培养社会主义事业的合格建设者和可靠接班人。①

一、教育心理学理论在思政教育计划阶段的运用

（一）运用教育心理学理论确定思政教育的目标

思政教育的目标是遵循社会主义教育方针，响应党和国家的要求，紧密结合学生的实际状况，依据学生思想品德形成的规律与教育原理，教育、引导并帮助学生构建起以马克思主义为基石的世界观、人生观和价值观。这一导向有助于学生确立为建设具有中国特色社会主义事业而奋斗的政治方向，提升辨别与抵御错误思潮（如拜金主义、享乐主义、极端个人主义等腐朽思想）侵蚀的能力。最终，促使学生自觉磨砺，成长为兼具理想、道德、文化与纪律的社会主义事业建设者与接班人。

---

① 朱雨炜. 教育心理学理论在高校思政教育工作中的运用研究 [J]. 教育教学论坛，2023（46）：137-140.

（二）运用教育心理学理论确定思政教育中的原则

思政教育原则是指导教育活动、妥善处理学生间矛盾与关系的基本法则与准则，也是规划教育方案不可或缺的参照依据。这些原则根植于长期的思政教育实践，兼具深厚的实践积淀与坚实的理论基础。其中，尤为关键的原则包括以下几点。

1. 方向性原则

方向性原则强调思政教育必须坚守明确的社会主义与共产主义导向，与中国共产党的纲领及宗旨保持高度一致。从长远看，党的奋斗目标是实现共产主义；从短期看，则致力于社会主义现代化的达成。这一原则深刻反映了思政教育的本质，作为党的路线、方针、政策的直接体现，其在规划阶段必须得到严格遵守，以确保教育的本质特色与思想行动的统一性。明确的方向能够坚定信念、鼓舞士气，从而提升思政教育的整体效能。

2. 民主原则

民主原则要求在民主集中制的框架下，积极弘扬民主精神、作风与方法。这一原则本质上与疏导原则相通，即运用教育心理学手段，遵循学生思想形成与发展的内在规律进行疏通与引导。疏通意味着在民主氛围中鼓励学生自由表达观点与意见，并对他们的思想症结进行疏通；引导则是根据学生思想发展的规律，针对症结进行正面、积极的引领。两者相辅相成，既要在疏通的基础上进行引导，又要在引导的要求下实施疏通，避免片面强调某一方面而忽视另一方面。坚持民主原则还需妥善解决学生内部矛盾，遵循毛泽东的指示，对于思想性质及人民内部争论问题，应采用民主、讨论、批评、说服教育等方法解决，摒弃强制与压迫手段。

3. 主体原则

主体原则强调，在教育过程中，教师应将学生视为具有主观能动性的主体，充分尊重其主体地位，并积极调动其自我教育的积极性，这是实现教育目标的行为准则。在教育互动中，虽然教师通常被视为教育主体，学生被视为教育客体，但双方均具有主观能动性，即主体性。学生并非被动地接收信息，而是基于自身原有的思想认知基础，对教师的教育要求进行独立评价与选择，通过内在矛盾运动，吸纳教育内容，调整认知结构，并将其转化为个人行为。这一过程不仅向教师提供反馈，形成双向互动，还体现了学生的主体角色。从教育心理学视角看，学生是主动认知与行动的主体，教师需要有效地将自身的主导作用转化为学生的主体效应。主体原则进一步要求教师以提升学生的自我教育能力为核心，通过教育培养学生的主体意识与自我教育能力，促进其自我发展与成长，这正是主体原则的核心内涵。

4.示范原则

示范原则强调通过树立先进典型以及发挥思政教师自身的榜样力量，对学生产生感染和启发，进而推动其思想认识与觉悟的持续提升。先进典型通常承载着高尚的道德品质和卓越的行为准则，他们的行为模式和价值取向能够为学生提供直观且生动的参照范例。作为教育活动的主导者，思政教师自身的言行举止亦是示范的重要组成部分。教师以身作则、率先垂范，能够有效增强教育的说服力与感染力。这种示范作用并非单纯的知识传授，而是一种潜移默化、润物无声的教育方式，它借助榜样的力量，激发学生内心深处的认同感与向善动力。在教育过程中，运用教育心理学理论，精心选择与塑造典型榜样，使其成为引领学生思想成长的重要力量，是思政教育领域中值得传承与发扬的优良传统。

5.激励原则

激励原则是教育心理学中的关键概念，它涉及激发人的动机和保持兴奋状态的心理过程。在思政教育中，激励原则通过内外部刺激来激发人们的内在动力，从而提升其表现与工作效率。这一原则强调以人为本，注重人的精神作用，特别是在市场经济条件下，需要从学生的内在需求出发，结合物质与精神激励手段，激发他们为共同目标与利益而奋斗的积极性，进而提升其思想觉悟。激励原则的实施包括榜样激励、奖励激励与情感激励等多种形式，旨在综合运用各种激励方式，以达到最佳的激励效果。

二、教育心理学理论在思政教育实施阶段的运用

思政教育是研究学生思想和行为产生、发展和变化规律的科学，是一门教育人、塑造人，促进学生最大限度发展自身多样性与和谐性的专业。为了增强思政教育的针对性、实效性、说服力和感召力，我们必须深入研究学生思想形成和发展的过程及特点，探究他们心理活动的一般规律。而教育心理学为思政教育提供了相关的理论、知识和方法。

（一）教育心理学理论在思政教育中的具体运用

1. 运用教育心理学需求理论，增强思政教育的激励性

教育心理学中的需求理论为思政教育的激励性提供了重要的理论依据。人的行为由思想支配，而思想动机则源于多层次、多方位的内在需求。需求理论将人类需求划分为不同层次，从基本的生理需求到高级的自我实现需求，形成了一个由低到高的需求体系。生理需求和安全需求作为最基础的需求，是人类生存和发展的前提，只有在这些基本需求得到满足后，个体才会追求更高层次的社会性需求，如归属感、尊重以及自我实现。这一理论揭示了需求是驱动个体行为和心理活动的根本动力，也为思政教育指明了科学的方向。在思政教育中，重视学生的物质需求是基础性工作，因为物质条件的满足是保障学生生理和安全需求的前提，同时也是激发他们积极性和主动性的关键因素。然而，物质需求并非唯一驱动力，精神需求作为更高层次的需求，同样对个体的行为和心理状态产生深远影响。精神需求不仅包括对归属感和尊重的追求，还涉及自我价值的实现和社会贡献的意愿。因此，思政教育在满足学生物质需求的同时，还需注重精神激励，通过道德教化、价值观引导等方式，帮助学生将个人需求与社会需求相结合，从而实现个人与社会的共同发展。

同时，思政教育需要关注学生的动态性和差异性。不同个体因教育背景、社会关系和文化程度的差异，其需求结构和层次也各不相同。教育者应通过细致地观察和分析，准确把握学生的具体需求，并采取差异化的教育策略，满足其合理需求，激发其内在动力。此外，思政教育还应引导学生将个人需求升华为社会需求，培养他们的社会责任感和集体意识。在这一过程中，教育者需运用动机激励的方法，激发学生的积极性和创造性，帮助他们树立正确的价值观和行为目标。动机激励不仅能够激发个体的初始行动，还能在行为过程中起到选择和强化的作用，从而推动个体朝着既定的目标努力。通过将物质激励与精神激励相结合，思政教育能够在满足学生个体需求的同时，引导他们将个人发展与社会进步相统一，最终实现教育的实效性和长效性。

2. 运用教育心理学个性特征理论，提高思政教育的针对性

个性是个体在社会生活中形成的稳定且具有倾向性的心理特征总和，它涵盖了个性倾向性与个性心理特征两大方面。其中，个性倾向性构成个性的动力系统，个性心理特征则体现了个体的稳定差异。个性的形成是个体生理

素质与社会环境相互作用的结果，具有独特性与相对稳定性，但随着个体的成长与实践的变化，个性也可能在一定程度上发生改变，其稳定性和可变性呈现出对立统一的关系。

思政教育的对象是具有丰富个性差异的学生群体。他们有的直率坦诚，有的细腻敏感，有的踏实稳重，有的浮躁激进。教师如果能深入了解并精准把握学生的个性心理特征，就能实现因人施教，即根据学生具体情况灵活运用教育方法。中华人民共和国成立后，党和国家继承并发扬了因材施教的宝贵经验，强调教师应贴近学生实际，结合学生特点开展教育工作。

在当代思政教育中，因材施教原则依然具有重要意义。教师应从学生实际出发，避免教育方式的一般化和模式化。针对学生的不同情况，如年龄、性别、觉悟程度等，采取差异化的教育策略。唯有如此，思政教育才能真正贴近学生实际、贴近生活、贴近学生内心，从而有效提高教育的针对性、实效性以及吸引力与感染力，为培养德智体美全面发展的社会主义建设者和接班人奠定坚实基础。

3. 运用教育心理学气质理论，增强思政教育的预见性

在教育心理学的框架下，气质被界定为一种典型的、相对稳定的心理特征，它深刻地影响着个体的心理动力特性，包括情绪反应的强度、速度、外显程度，动作与言语的敏捷性与节奏性，以及心理活动的外向或内向倾向。气质赋予了个体心理活动独特的色彩，是区分个体如急性子、慢性子、活泼与沉静等性格特征的关键因素。尽管气质在环境与教育的作用下会发生一定程度的调整，但相较于其他个性特征，其变化速度相对缓慢。

历史上，古希腊医学家希波克拉特率先对气质进行了系统性分类，提出了著名的气质分类理论，将人的气质划分为多血质、胆汁质、黏液质与抑郁质四种类型。这一学说历来得到生理学的支持，尤其是苏联生理学家巴甫洛夫的研究。巴甫洛夫揭示了高级神经活动的四种基本类型与四种气质之间的对应关系，为气质学说奠定了科学基础。此外，气质理论还有五行说、体型说、血型说、活动说和激素说等多种理论与假说。尽管这些理论在解释机制上存在差异，但都强调气质类型的多样性与复杂性。

气质类型本身并无优劣之分，每种气质均有积极与消极两个方面。在实际应用中，纯粹属于某一气质类型的人较为罕见，大多数人可能兼具多种气质特征，或处于不同气质类型之间的过渡状态。因此，在评估个体气质时，

应秉持具体问题具体分析的态度，避免简单化的刻板印象。

深入了解学生的气质特征，通过识别并发扬学生气质中的积极成分，同时引导其克服消极方面，可以更有效地激发学生的积极性、能动性与创造性。具体而言，对于胆汁质的学生，宜采取耐心启发与冷处理策略，以防止其冲动行为；多血质的学生需通过设置更多任务与挑战，来培养其坚韧不拔的精神与自制力；黏液质的学生需要多加鼓励与肯定，给予充分的思考时间，避免过度指责；抑郁质的学生则需更多体贴与关怀，避免公开批评，对其微小进步给予充分肯定，以增强其自信心与前进动力。

4. 运用教育心理学性格理论，增强思政教育的科学性

在教育心理学的视角下，性格被视为个性构成的核心维度，它体现为个体对外部环境的稳定反应倾向及习惯性行为模式，是勾勒个体精神特征的关键要素，亦是区分个体间差异的重要标志。深入了解个体的性格特征，有助于预测其在特定情境下的行为反应以及可能采取的态度与行动方式。性格的形成受多种因素影响，包括社会阅历、年龄阶段及教育水平等，这些因素相互作用，塑造了多样化的性格特征。

针对学生思政教育工作，深入考量学生的性格特质尤为重要，这是实现精准施教的基础。对于具有自卑或自弃倾向的学生，应采取积极暗示与正向激励的策略，通过发掘并强调其个人优势与能力，有效提升其自信心，避免过度批评可能带来的负面影响。相反，对于过度自信或自负的学生，适度且策略性的批评成为必要，同时注意维护其自尊心，确保批评具有建设性而非破坏性。对于勇敢自信的学生，则需通过优化工作方法，加强团队协作，以促进其正向发展。对于胆怯型学生，需提供具体而持续的鼓励与支持，以及实施有效的辅助措施，这是帮助其克服心理障碍的关键。对于性格偏强的学生，保持平和与耐心，避免直接冲突，是有效沟通的前提。此外，根据学生对批评敏感程度差异，适当调整沟通的语气与内容，确保信息传递既能触动内心，又不会造成不必要的心理负担或误解。

5. 运用教育心理学情感理论，增强思政工作的有效性

在思政教育中，情感因素的运用是提升教育效果的重要途径。情感作为人类心理活动的重要组成部分，对个体的认知和行为具有深远的影响。思政教育的对象是具有独立意识和丰富情感的个体，尤其是青年学生，他们正处于身心发展的关键时期，情感的引导和激发对其思想观念的形成与转变具有

不可忽视的作用。积极的情感体验能够激发个体的潜能，促进其能力的发挥，消极的情感则可能阻碍其发展。思政教育工作者应充分认识到情感在教育过程中的重要性，通过真诚的关爱、理解和尊重，建立与教育对象的情感联结，从而增强教育的感染力和影响力。

情感交流与共鸣是思政教育的重要手段。在教育过程中，教育者需要关注教育对象的情绪状态，把握最佳教育时机，以实现有效沟通与引导。然而，在实际工作中，教育者常常面临诸多挑战，当矛盾激化或问题尖锐时，教育对象可能处于对立情绪中，对教育产生抵触心理。此时，教育者需先稳定对方情绪，逐步实现情绪转化。经验丰富的教育者通常会以关心赢得信任，用温暖和真情消除隔阂，待教育对象情绪平稳后，再循循善诱地讲明道理，这种做法符合个体的心理接受特点。

思政教育工作者自身的情绪状态也对工作效果产生直接影响。教育者需努力调节和转移自身情绪，保持积极乐观的心态，以实现与教育对象的情感共鸣。在情绪舒畅的状态下，教育者与教育对象的交流更为顺畅，双方的思想和感情更容易产生共鸣，从而使得所传达的道理也更易被接受。反之，若教育者情绪不佳，可能导致教育工作失去温度与亲切感，难以达到预期目标。

激情作为一种特殊的情感体验，对个体行为的影响尤为显著。激情分为积极与消极两种类型，积极的激情能够促使个体在关键时刻采取正确行动，消极的激情则可能导致破坏性行为。激情的产生虽看似一时冲动，但实际上与个体的思想修养、自控能力密切相关。教育者应深入了解激情的心理学机制，通过思想教育和情感引导，将消极激情转化为积极激情，挖掘个体的内在潜力。

在思政教育实践中，教育者需将情感因素融入教育全过程，以情感人，以心换心。通过晓之以理、动之以情的方式，教育者能够更好地引导教育对象树立正确的价值观和责任感，从而提升思政教育的实效性。这一过程不仅有助于个体的成长，也为思政教育工作的深入开展提供了重要的理论与实践支持。

（二）运用教育心理学理论，增强"两课"的实效性

"两课"（"马克思主义基本原理概论"和"毛泽东思想和中国特色社会主义理论体系概论"）作为强化学生思政工作的核心途径，其重要性不言而喻。在经济迅猛发展与社会转型的关键时期，"两课"面临着新的挑战与要求。如何将教育心理学的原理有效融入"两课"教学，创新教学内容与模

式以适应学生群体的实际需求，已成为学界与实践领域关注的重要研究课题。

"两课"不应局限于传统的讲授方式，而应致力于与学生的现实生活及心理需求紧密结合，让课程变得生动、鲜活，以激发学生内在的学习动力。事实上，学生们并非排斥"两课"内容，而是期待其能以更贴近实际、更具吸引力的形式呈现。

"两课"教学应追求有意义的学习，即学生不仅能识记教材内容，更能理解其背后的实质意义，包括事实、概念、原理等。实现有意义学习需满足两个条件：一是学习材料应具备逻辑意义，二是学习者应具备有意义学习的倾向。在"两课"教学中，有意义学习意味着学生能够将所学知识内化于自身知识结构中，促进知识重构，赋予新知识实际意义，进而树立正确的世界观、科学的人生观及良好的道德品质。因此，在"两课"教学中，除了确保学习材料的逻辑性与系统性外，还需充分激发学生的内在学习动机，促进其主动学习与深度思考，以实现"两课"教学的价值。

1. 激发学生求知需求

激发求知需求需要学生持续付出努力，尤其是在"两课"这类理论性与思想性并重的课程学习中，学生需具备专注力、毅力以及抗挫折能力等意志品质。若学生对"两课"内容缺乏兴趣或需求，其学习动力将难以激发。因此，激发学生的求知需求是促进有意义学习的先决条件。

教材内容的意义性是激发学生求知需求的关键。在学生对"两课"尚未产生兴趣或学习动机之前，教师应通过有效的教育教学策略引导学生获取知识，而知识的积累又能反过来激发并增强学生的学习动机。当学生因学习取得良好成绩时，其学习动机将得到进一步的巩固与强化。

2. 激发学生的学习动机

有效激发学生的学习动机需要深入了解学生的需求。不同年级、不同阶段学生的需求存在显著差异。例如，对于大学一年级新生，应关注其角色适应心理，提供校园适应指导教育；对于二、三年级的学生，则需研究其需求心理、情感心理及个性心理，实施马克思主义需要观教育，指导其合理调节心理需求，保持良好心态；对于即将毕业的四年级学生，则应聚焦其职业心理，开展社会主义职业观教育，助其科学选择职业。总体而言，求知、求善、成才的需求构成学生需求的主流。把握这一主流，并结合不同年级、不同阶段学生的特异性需求开展"两课"教学，能够让学生在学习过程中不断获得成功的体验，进而增强其学习热情与学习动机，确保"两课"学习的顺利进行与深入开展。

3. 改进教学方法，启发学生积极思考

教学方法的革新与优化，对提升"两课"的教学效果具有至关重要的作用。富有启发性且符合学生年龄特征的教学方法，能够显著激发学生的学习热情与兴趣。在教学实践中，教师应把握学生思想发展的规律与特点，据此设计出既富有启发性又具指导性的教学方案，以满足学生的实际需求。

教师应善于提出问题，以激发学生的思维活力，培养他们独立思考的能力。同时，教师应密切关注学生在学习中遇到的难点、热点问题，鼓励学生质疑、争辩与自由讨论，通过引导学生掌握发现问题、分析问题与解决问题的科学方法，增强他们学习的积极性、主动性与自觉性，为他们形成正确的思想道德观念与品质奠定坚实基础。

4. 注重奖励，适度惩罚

奖励作为学习诱因，能够将学习活动与学习目标紧密相连，构成有意义的学习，并及时反馈学习成效。惩罚则易导致学生回避学习与问题，产生退缩心理，降低积极行为重现的概率。因此，在"两课"教学中，我们应重视对学生的正面肯定与鼓励，避免讽刺、挖苦与打击，以营造积极向上的学习氛围。当前，"两课"教学需要树立以人为本的理念，让学生在实践中明确方向、感悟人生，实现自我约束、自我教育与自我发展。

（三）在思政教育中加强心理咨询工作

心理咨询作为一股新兴力量，极大地丰富了思政教育的内涵，并为其实践路径的民主化探索提供了有效渠道。传统思政工作中的单向灌输与说教模式，已难以契合当代学生日益多元化的成长需求。在此背景下，心理咨询方法的引入与融合，作为一种创新的思政工作策略，正逐渐获得广泛认可。心理咨询活动强调个体的主体性，鼓励来访者主动寻求帮助、积极参与教育过程，赋予其更多的自主权与选择空间。这一转变促进了咨询工作者与来访者之间深层次的心理相融，使教育更加贴近学生实际需求，增强了教育的针对性与实效性。在此过程中，教师角色亦发生积极转变，由单纯的知识传授者转变为学生的良师益友，进一步提升了教育的亲和力与影响力。构建学生心理咨询价值实现的新模式，需要聚焦于以下核心要素。

1. 遵循心理咨询原则

心理咨询原则是对心理咨询工作规律性的概括与实践经验的总结，作为心理咨询工作的基石，对确保咨询过程的有效性与专业性具有至关重要的作用。

（1）尊重与理解原则

尊重与理解原则要求咨询者能够接纳来访者的多样性与差异性，避免以自身的价值观或专业地位来评判或轻视来访者。尊重不仅体现在言语与态度上，更需体现在咨询者对来访者内心世界的深刻理解与共情上。咨询者通过设身处地思考以来访者的视角审视问题，能够与来访者建立起基于真诚与信任的咨询关系。当来访者感受到咨询者的尊重与理解时，其防御心理会显著降低，更愿意敞开心扉，分享内心的真实感受与需求，为咨询工作的深入展开奠定坚实的基础。

（2）倾听与启发原则

倾听不仅仅是被动接收信息的过程，更是一种主动、深入地理解与共鸣的过程。咨询者需要以共情的心态，全神贯注地聆听来访者的叙述，不仅关注其言语内容，更要捕捉其言语背后的情感与需求，以便提供精准、有效的帮助。启发原则则强调咨询者需充分调动来访者的主观能动性，鼓励其放下心理负担，勇于表达自我，并通过引导与启发，协助来访者发现自身问题的根源，探索解决问题的路径。在这一过程中，咨询者的倾听与启发相辅相成，共同推动咨询工作的深入与高效进行。

（3）保密与自愿原则

保密原则确保来访者的个人信息与隐私得到保护不受侵犯，这是建立咨询双方信任关系的基石，也是咨询活动能够顺利开展的前提。自愿原则强调来访者在心理咨询过程中的主体地位，充分尊重其自主选择的权利，无论是开始咨询、持续咨询还是终止咨询，均应以来访者的意愿为准。这一原则不仅体现了对来访者的尊重，也是确保心理咨询效果的关键因素。通过严格遵守保密与自愿原则，心理咨询工作得以在尊重、理解、倾听与启发的氛围中，为来访者提供安全的环境和有效的心理支持与服务。

2. 转变心理咨询的认识观念

心理咨询的认识观念需实现侧重点的转变，即由单一的心理咨询模式，转变为心理咨询与学生思政工作深度融合的模式。我国传统思政工作主要聚焦于政治、思想与道德素质的培养，而在新时代背景下，心理咨询为思政工作提供了创新路径。事实上，我国学生心理咨询自诞生之初就与思政工作紧密相连，无论是人员构成、机构设置，还是方法运用，均体现出明显的思政教育色彩与功能。因此，心理咨询与思政教育的融合，不仅符合实际需求，也是提升思政教育实效性的必然趋势，体现了心理咨询的中国特色与时代要求。

心理咨询还应实现从障碍性咨询向发展性咨询的转型。学生心理咨询的内容广泛，涵盖发展咨询、适应咨询与障碍咨询三大类别。当前，受观念限制与资源约束，心理咨询往往侧重于障碍性咨询，主要聚焦于心理障碍的缓解，忽视了发展性咨询的重要性，人们仅将心理咨询视为释放心理压力的场所，这限制了心理咨询的深度与广度。心理咨询的目标不仅在于帮助存在心理异常的学生缓解压力、消除危机，提升心理健康水平，更在于促进所有学生健全人格与良好个性心理品质的形成，激发他们的潜能，助力他们实现人生价值。

3. 完善心理咨询工作的内容、方法体系

在构建心理咨询工作的内容体系时，需要涵盖以下三大核心方面。①广泛普及心理知识教育。这既包括在教学计划中融入相关选修课程与专题讲座，也涉及利用多元媒介资源，系统地向学生传授心理健康知识。在常规的思想引导工作中，应有意识地针对学生的各类心理问题给予启发，并着力解决他们在学习、生活及日常工作中遇到的心理困扰，以此促进思政教育与心理教育的协同发展。②设立专门的心理咨询场所，提供面对面咨询服务。这一过程需在精心营造的轻松、真诚、友善氛围中展开，由具备丰富经验和专业训练的咨询人员实施，以确保咨询的有效性与深度。③实施心理测量并建立学生心理档案。借助标准化测定技术，如智能测量、人格测量及临床测验等，获取学生心理状况的科学数据与依据，为教育干预提供坚实基础，尽管这些数据通常仅作为参考信息，但在完善方法体系上，同样需要引起关注。书信与电话咨询作为缓解学生面对面咨询时紧张与压力的有效途径，虽给咨询人员带来额外挑战，却深受学生欢迎。此外，鼓励同辈咨询机制，鉴于学生在遭遇心理困惑时往往首先求助于同伴，通过培训优秀学生成为心理咨询助手，可及时为学生提供心理支持，成为专业咨询的重要补充。随着信息技术的发展，网上咨询等新兴形式日益凸显其重要性，对学生心理健康的积极影响日益显著。

另外，将心理素质教育纳入学科教育体系是提升学生心理素质的关键。在传统教育中，教育心理学常被边缘化，致使学生缺乏获取心理健康知识的正规渠道，进而影响其自我调节能力的发展。因此，必须开设专门的心理素质教育课程，运用教育心理学理论，确保学生能够系统学习并掌握心理素质与心理健康的基础知识，同时通过多样化的教学方式强化教学效果。一方面，心理素质教育课程应突破传统的单向灌输模式，强调心与心的交流，通过互动与体验式教学，切实促进学生心理素质的提升；另一方面，尊重学生的主体地位，根据他们的心理发展特点与接受能力设计教学内容，这是实现教育目标的前提。此外，定期举办心理素质教育专题讲座，针对学生在不同成长阶段面临的主要心理问题，提供专业化的指导，这是普及心理健康理念、解决学生心理困惑的有效手段。

三、教育心理学理论在思政教育的评估阶段的运用

（一）思政教育评估的意义

思政教育评估在促进当代学生全面发展中扮演着至关重要的角色，尤其是当教育心理学理论融入这一评估过程时，它成为确保学生在德、智、体等多方面协调发展的有效手段。评估机制不仅能够深入了解学生对政治理论的掌握情况，还能考察他们的思想品德、知识技能及学习能力等多方面的素养。

通过系统性的思政教育评估，我们可以全方位把握学生的思想道德风貌、专业学习进展、社会实践参与度、职业技能水平以及身心健康状态等核心素质指标。此外，评估还能及时收集并反馈学生对教学及管理工作的看法与建议，促进教学信息的双向流通，并为教学与管理策略的适时调整与优化提供实证依据。

评估机制有助于全面审视高校的办学宗旨、资源配置及教育水准，深入分析教育管理的实际状况。这一过程对于推动教育现代化、提升教学质量具有不可估量的价值，它为人才培养目标的实现提供了动态且全面的信息支持，体现了"以评促建，建设为本"的教育理念。

思政教育评估也是衡量教师履职情况的有效工具，能够在一定程度上反映教师队伍的整体素质与个体差异。这一机制对于激励先进、督促后进具有积极作用，最终助力教师队伍的整体建设与优化，为培养更多高素质人才奠定坚实基础。

（二）思政教育评估的标准

思政教育评估标准是衡量思政工作实践成效与价值的关键尺度，其准确性直接关乎评估的成效与信度。在确立这一标准时，马克思主义"实践是检验真理的唯一标准"的原理为教师提供了深刻的理论指导。具体而言，思政教育评估应以实践的社会效果为基准，这一标准并非空洞抽象，而是蕴含丰富的内在逻辑与要求。

思政教育评估的根本标准在于其是否有利于社会主义生产力的发展。生产力是社会发展的决定性力量，其中人的因素尤为关键。学生作为社会进步的生力军，其成长与发展对生产力水平的提高具有不可忽视的作用。因此，思政教育必须紧密围绕促进社会主义生产力发展的目标展开，其成效也应以此作为客观评估的基准。只有当思政教育能够有效契合并推动社会生产力的发展需求时，才能被视为成功且富有成效的。

是否有利于学生的全面发展，构成了思政教育评估的主要标准。马克思强调教育在促进人的全面发展中的核心作用，指出其不仅是提升社会生产力的重要途径，更是实现人的彻底解放与全面发展的关键方式。思政教育以学生为核心对象，旨在通过提升其认识与改造世界的能力，培养德智体美劳全面发展的社会人才。因此，评估思政教育是否成功，关键在于其是否能够有效促进学生素质的全面提升、潜能的充分发挥以及个性的全面发展。

（三）思政教育评估的内容

在思政教育的评估实践中，对教育心理学理论的运用不仅强调对结果的考量，也同等重视过程的评价；不仅关注学生的专业成就，更重视他们道德品质、人文素质、身心健康以及专业技能等方面的全面发展。这一评估体系的核心在于学生评估，它既是思政教育的起点，也是其最终归宿。

评估内容涵盖：①评估学生是否坚决贯彻党的路线、方针、政策；②通过"两课"教学，观察学生社会主义民主法治观念的增强情况，是否确立了以集体主义为核心的人生价值观，以及能否正确平衡国家、集体和个人利益之间的关系；③评估学生是否养成了高尚的社会主义道德品质和文明习惯，这是其社会适应能力的重要体现；④关注学生个性心理品质、心理适应能力及整体心理健康水平的提升情况，确保他们在面对社会变革时能保持稳定的心理状态；⑤评估学生是否树立了与改革开放、社会主义市场经济和社会发展相适应的现代观念，如开拓进取、讲求实效、公平竞争、团结协作、艰苦奋斗和自力更生等。

在评估方式上，采用多元化的评价体系，以确保评估的客观性。社会评估由高校的上级主管部门及思政工作者等社会群体实施。他们根据思政教育的要求及实际情况，对教育的实际效果进行价值判断，具体包括对教育原则、计划、目标、组织、方针的全面评估，以及对学生思政素质和道德品质的综合考量。自我评估由思政教师负责。他们基于对学生思想发展状况和心理特征的了解，运用教育心理学理论进行自我反思与评估，通过"两课"教学这一主渠道，对思政教育的实际效果进行定量与定性相结合的评价。学生评估作为反馈机制的重要组成部分，被充分重视。这一环节鼓励学生以客观、公正的态度对教师的思想道德素质、理论功底、学术水平及教育方法等进行评价。在这一过程中，学生将所学知识转化为实际行动，并通过反馈机制使教师及时了解教育效果，进而调整教学策略。

第二章 思政教育心理学学科构建

随着全球化的深入，各国之间的文化交流与碰撞日益频繁，思政教育面临全新的挑战与机遇。在中国，随着社会主义现代化建设的推进和改革开放的不断深化，思政教育在培养社会主义建设者和接班人、维护国家安全与社会稳定等方面发挥着越来越重要的作用。同时，心理学作为研究人类心理活动和行为规律的学科，与思政教育的结合日益紧密。在这种背景下，思政教育心理学的学科构建尤为重要。本章将重点分析思政教育心理范畴研究、学科构建的理论基础、要求与原则、条件与体系。

第一节 思政教育心理范畴研究

作为思政教育学和心理学的分支，思政教育心理学日益受到关注。[①]然而，思政教育心理学经过多年的发展，其研究深度和广度仍显不足，尤其在研究对象、研究边界及研究方法等方面存在较大的争议，尚未形成统一的学科共识。因此，当前基础性的工作在于构建反映本学科特质的一系列范畴，尤其是核心范畴与基本范畴。

一、思政教育心理的概念与特征

（一）思政教育心理的概念

心理是生物体在漫长进化过程中，发展至高级阶段所形成的大脑对外部环境刺激的内在反应机制。从概念解析维度审视，思政教育心理并非简单地将"思想""政治""教育"与"心理"四个词汇进行并列组合，而是深度融合"思政教育"与"心理"两大范畴，构建一个主客观交融的复合概念。在此复合概念中，"思政教育"作为客观存在，界定"心理"现象产生的源

---

① 陆碧波. 思政教育心理学研究述评 [J]. 现代交际，2019（9）：169-170.

头与本质属性；"心理"作为主观映射，揭示思政教育实践中的心理面向与潜在问题，强调整体视角下的"思政教育心理"。

从结构层面剖析，思政教育心理构成思政教育体系的一个子系统，具有其独特的内在结构。该系统主要由思政教育主体心理、客体心理、介体心理以及情境心理四大核心元素构成，这些元素在思政教育心理的形成与发展过程中各自扮演不可或缺的角色，相互交织形成复杂而有序的纵横关系网络，并与外部环境进行物质、能量及信息的动态交互。在横向结构上，主体心理往往占据主导地位，引领其他要素；在纵向结构上，主体心理可细分为心理过程（涵盖认知、情绪情感、意志过程）与个性心理（包括倾向性及心理特征），呈现出多层次、多维度的特点。

从本质属性探究，思政教育作为一项系统性、计划性地塑造社会成员思想品德的社会实践活动，其相伴而生的思政教育心理，是教育实践活动的直接产物，体现主体在教育实践中的主观认知与情感反应。这种心理现象并非先天固有，而是后天社会环境熏陶与塑造的结果，遵循着特定的形成、发展及变化规律。从根本上讲，思政教育心理受制于社会中占主导地位阶级的思想心理导向，它区别于个体的一般心理本质，服务于特定群体或社会集团意识形态的构建与强化，具有鲜明的社会意识形态属性。

（二）思政教育心理的特征

心理是个体基于生理基础所呈现的精神状态，不属于社会意识形态范畴，但思政教育心理是特定的社会阶级、群体或个体在思政教育实践活动中表现出来的心理现象和心理问题，具有鲜明的思政教育属性特征。

1. 民族性

民族性在思政教育心理学中占据重要地位。该领域并非泛泛探讨人类心理现象的普遍规律，而是聚焦"思政教育"情境下的心理特质。由于各民族在历史背景、生活实践、社会制度及价值观念上的差异性，思政教育活动不可避免地被打上了深刻的民族烙印。不同国家或民族的思政教育实践，因根植于各自独特的地域环境、社会架构与文化土壤之中，故而展现出多样化的形态，人的心理发展轨迹、变化模式及心理活动亦随之呈现出特定的民族性格特点。

2. 实践性

实践性是思政教育心理学研究的根基。作为思政教育学的一个分支，该学科专注于探究思政教育实践活动中出现的心理现象与问题，旨在揭示这些心理现象与行为之间关联的一般规律，并寻求其在实际工作中的应用价值。实践不仅是思政教育心理产生的源泉，也是认识和发展这一领域的关键途径。从实践中孕育、在实践中深化理解，并最终在实践活动中塑造和优化起主导作用的思政教育心理，这一过程充分体现了其实践性本质。

3. 意识形态性

意识形态性是思政教育心理学的又一显著特征。它服务于特定阶级、政党或社会集团的政治目标，其理论框架与心理导向不可避免地融入了鲜明的意识形态色彩。该领域的研究不仅探讨普遍心理规律，更侧重于分析思政教育过程中影响个体思政素质塑造，以及特定社会意识形态发展的心理机制，旨在解决社会发展需求与个体思想品德水平之间的基本矛盾，这一矛盾从根本上决定了思政教育心理的意识形态属性。

4. 主体性

主体性在思政教育心理学中具有深刻的内涵，体现在两方面。一方面，人的心理过程与个性特征虽遵循普遍规律，但在复杂多变的社会实践中，特别是在个体主体性日益凸显的当下，思政教育面对的心理现实越发多样且复杂；另一方面，鉴于心理现象的多样性和不确定性，无论是教师还是学生，都需主动把握彼此的心理活动状态，以增强教育的针对性和实效性，这体现了对思政教育心理把握的主动性要求。

5. 传承性

传承性是思政教育心理学不可忽视的特性。作为一种蕴含意识形态属性的心理活动，它深深植根于特定国家、民族、阶级或政党的文化土壤之中，成为连接历史与现实的精神纽带，代代相传，形成了一种心理文化的积淀。这种传承并非静态复制，而是在保持连续性的同时，鼓励并促进了思政教育心理的创新与发展。

二、思政教育心理学科范畴与核心范畴

（一）学科范畴

人类对逻辑范畴的认知历史悠久，古代哲学家提出的逻辑范畴反映了人类对自然、社会、思维对象、特征以及关系的初步认识。马克思主义哲学认为，范畴是概括和反映客观事物普遍本质联系的思维形式，是各种理论体系中的基本概念，也是人类认识世界的思维工具。因此，任何学科的理论体系均由一系列范畴构成，对范畴的理解和掌握是理性认识学科领域问题的关键。

思政教育心理学作为一门新兴学科，其建构应聚焦于该学科范畴的含义、类型及特征。学科的研究范畴与基本范畴存在本质区别。学科的研究范畴代表了该学科关注的研究领域和范围，而学科的基本范畴则是构成学科理论体系的核心概念，反映了学科在认识世界过程中使用的思维工具。因此，研究思政教育心理学的基本范畴，意味着要深入探讨该学科的核心概念与理论体系的内涵。

思政教育心理学的基本范畴是概括和反映思政教育领域普遍本质联系的思维形式，是人们在思政教育实践基础上形成的带有规律性的认识成果，不仅是思政教育心理学的理论框架，也是认识和把握该学科理论与实践的工具。通过这些范畴，学者能够系统地理解思政教育中的心理机制和行为规律，为理论研究提供支撑。

在思政教育心理学的学科体系中，基本范畴的逻辑结构具有一定的内在组织形式。与思政教育学的基本范畴相似，思政教育心理学的基本范畴也具有内在的逻辑结构，该结构涵盖了起点范畴、中心范畴、中介范畴、结果范畴和终点范畴五个方面。起点范畴主要是指学科所关注的初步理论假设和研究出发点；中心范畴是学科核心概念，聚焦思政教育心理学的本质特征与基本要素；中介范畴描述了学科内部各个要素之间的相互联系和作用；结果范畴涉及学科所期待的实践效果或理论成果；终点范畴则指学科研究最终的目标和意义。这些基本范畴及其逻辑结构不仅构成了思政教育心理学的理论基础，也为学科的进一步发展和实践应用提供了框架。

1. 学科起点范畴

起点范畴是学科体系展开和发展的初始规定，起着逻辑起点的作用。作为学科理论体系的基础，起点范畴需满足特定的逻辑要求，这些要求对确保

学科理论的严谨性和科学性至关重要。首先，逻辑起点必须是学科中最常见、最简单和最抽象的范畴；其次，逻辑起点应与学科的研究对象相互限定；再次，逻辑起点是所有矛盾的"胚芽"，代表着事物发展的雏形；最后，逻辑起点也应是历史的起点，具备历史性和发展性。结合这些要求，思政教育心理学的起点范畴应当是心理、思想和行为。

心理、思想和行为作为思政教育心理学的基本范畴，具有作为起点范畴的特点。

第一，这些元素是思政教育心理学中最常见、最简单且最抽象的要素。在研究思政教育心理学时，心理、思想和行为并不依赖于其他中介概念来证明其存在和重要性，类似于《资本论》中的商品概念，它们本身是最基本的范畴。它们的存在和变化构成了学科研究的基础内容，因此成为学科的逻辑起点。

第二，心理、思想和行为与思政教育心理学的研究对象紧密相关并相互规定。思政教育心理学专注于探究人们的思想及行为形成及其发展的心理规律，同时也探讨如何依据这些规律进行思政教育。因此，心理、思想和行为作为研究对象的基础范畴，首先需要通过探讨这些要素的形成与发展规律，其次掌握其变化规律，才能深入揭示思政教育过程中的心理、思想和行为规律。这一过程体现了研究对象与起点范畴之间的互动与依赖关系，心理、思想和行为不仅是学科的逻辑起点，也是研究的核心内容。

第三，心理、思想和行为之间固有的矛盾是思政教育过程中所有矛盾的萌芽。人的心理和思想往往受到外界因素的刺激与影响，外界环境的复杂性会作用于人的大脑，进而产生不同的心理反应和思想意识，最终表现为各种行为。这一过程中的矛盾是思政教育心理学研究的根本动力。对心理、思想和行为的研究，可以揭示人在特定情境下的心理状态与行为选择，从而为思政教育提供理论依据。要实现思想品德的转化，培养正确的思想并改善不良行为，必须掌握心理、思想和行为的形成与发展规律，从而为提高思政教育的有效性奠定科学基础。

2. 学科中心范畴

学科中心范畴作为范畴体系中最基本的逻辑要素，是整个学科理论框架的核心组成部分。在思政教育心理学中，中心范畴的确立始于心理、思想和行为这一基本逻辑起点为基础。进一步推导其中心范畴，必须明确承载这些心理、思想和行为的主体，即教育者与受教育者的关系。这一关系构成了思政教育心理学的核心，因为教育过程本质上是教育者与受教育者之间的相互作用，尤其体现在"教"与"学"这对矛盾之中。

思政教育心理学的核心范畴——教育者与受教育者，是构成教育过程的两大主体。教育者负责引导、传授知识与思想，而受教育者则通过学习、吸收并内化这些内容。教育者与受教育者之间的互动并非是单向的，而是一个辩证统一的过程。教育者需要深刻理解受教育者的心理、思想和行为规律，同时，受教育者的反馈与反应也会影响教育者的教学方法与策略。这种互动关系是思政教育心理学中的关键矛盾，并决定了教学活动的成效。

因此，教育者与受教育者的关系不仅体现了思政教育的基本范畴体系，也揭示了思政教育心理学的本质特征。这一关系的科学处理与辩证思考推动教育活动的顺利开展，是理解思政教育心理学的核心要素。对这一中心范畴的深入研究，可以进一步揭示思政教育中的心理与思想活动规律，并为教育实践提供理论支持。

3. 学科中介范畴

中介范畴，又称为逻辑中项，是连接逻辑始项和逻辑终项的"桥梁"。在思政教育心理学中，研究的核心对象是人的心理规律以及如何运用这些心理规律进行思政教育。实现这一目标的关键是通过有效的途径和手段来促进思政教育的接受效果。由于教育者和受教育者是各自独立的个体，每一方都由心理、思想和行为组成的复杂体系构成，因此，在他们之间实现教育目标的过程中，所使用的途径和方法便构成了中介范畴。

思政教育心理学的中介范畴包括一系列心理手段和心理过程，这些元素在教育互动中发挥着至关重要的作用。例如，心理过程的运行机制、心理接受机制、心理疏导的原则与方法、情感的培养、激励与规范等，都是推动教育目标实现的关键因素。这些中介机制帮助教育者调动受教育者的情感和认知，进而促进思想品德的发展与转变。

由于个体的思想品德发展受到多种因素的影响，教育途径和方法呈现出多元化和动态性。因此，思政教育心理学的中介范畴也具有多样性和发展性。随着教育理论和实践的不断进步，中介范畴的内涵和外延也在不断演变，以适应不同教育情境和需求的变化。总之，中介范畴是思政教育心理学中连接教育者与受教育者之间的桥梁，对于促进教育效果的实现具有不可或缺的作用。

4.学科结果范畴

思政教育的结果范畴主要通过"内化"和"外化"两个概念来呈现，反映了教育过程中思政教育成果的两个关键发展阶段。内化阶段是指教育主体（教育者）将思想品德规范传递给教育客体（受教育者），目的是提高受教育者的思想认知与意识水平；外化阶段则是受教育者将这些思想品德规范转化为实际的行为，体现教育成果的实际应用。

思政教育心理学的研究核心在于剖析和解决思政教育中的基本矛盾，即教育主体与受教育者之间的互动及其影响。内化与外化过程中的心理现象、教育客体的思想与行为的转变，以及这些转变过程中所表现出的心理规律，是思政教育心理学研究的重要组成部分。在这个过程中，受教育者的思想意识逐步受到教育者的影响，并最终形成具体的行为表现。思政教育心理学的结果范畴便是对这些心理现象、思想表现和行为反应的系统总结，旨在揭示个体在思政教育过程中的心理发展及其规律性。因此，思政教育心理学的结果范畴不仅关注受教育者在教育过程中思想的转化和行为的表现，还深入探讨这些心理与行为转化背后的规律和机制。通过研究这些现象，思政教育心理学为提升教育效果、优化教育方法提供了重要的理论依据。

5.学科终点范畴

终点范畴是学科基本逻辑体系的最终目标范畴，标志着学科研究的最终成效。在思政教育过程中，教育客体在教育主体的引导下，通过内化与外化的过程，获得正确处理个人与社会辩证关系的能力，最终进入个人与社会关系的终点范畴。此过程的实现解决了思政教育领域特有的矛盾，即社会要求与个体实际思想品德水平之间的矛盾。

个体的社会化程度、思想和行为的正确性以及其与社会进步要求的契合度，直接影响思政教育的接受效果。思政教育的效果并非一成不变，而是受到受教育者心理发展水平与思想成熟度的制约。因此，思政教育心理学作为一门服务于思政教育的学科，旨在探索和把握人的心理、思想及行为的规律，并运用这些规律来促进教育目标的达成。

最终，思政教育心理学的终点范畴体现为思政教育的接受效果。这一效果不仅表现在个体思想品德的转化和社会化过程的完成，还体现在教育过程中所取得的深远影响。因此，思政教育心理学的终极目标是通过科学的方法和心理规律，促进受教育者的全面发展，使其思想、行为符合社会的要求，从而实现思政教育的预期效果。

（二）核心范畴

核心范畴的界定相较于一般范畴与基本范畴而言，面临着更为严峻的挑战。主要原因有两个：一是学术界，特别是在思政教育学科领域内，关于核心范畴界定标准的探讨相对不足，导致缺乏统一的理论框架和界定依据；二是即便在某些学科中，有研究者尝试界定其核心范畴，但这些界定往往局限于个别学者的视角，尚未形成广泛认可的一致性意见。核心范畴作为学科体系逻辑构建与实践应用的基石，不仅体现了该学科特有的立场、观点和方法，而且是区分不同理论体系的关键所在。它通过系统整合各类概念，为人们提供了认识事物、思考问题、综合与分析资料的框架和路径。一门学科的核心范畴应当贯穿其研究始终，成为理解该学科本质与精髓的钥匙。

简而言之，核心范畴是经过深度抽象处理，能够精准捕捉理论体系概念链条本质内容的范畴，它在学科范畴体系和理论体系建构中扮演着基础性、根源性和导向性的角色，并在整个学科范畴体系中占据统摄地位，具有最高的抽象层次。基于此，思政教育心理学的核心范畴是在该学科范畴体系中占据主导与统摄地位的概念，它与其他范畴之间存在着共性与个性的逻辑关系。这一核心范畴不仅支配着基本范畴、一般范畴、重要范畴与具体范畴，还通过这些范畴揭示自身内在的本质联系。在思政教育心理学的范畴体系中，思政教育心理范畴因其根源性、最高抽象性、最高统摄性和方法导向性的独特地位与作用，被确认为该学科的核心范畴。

1. 根源性

思政教育心理范畴在构建思政教育心理学学科体系的过程中，具有根源性地位。作为该学科的核心范畴，思政教育心理对于范畴体系和理论体系的建构发挥着不可或缺的基础且本源性的作用，构成了思政教育心理学基础理论的关键组成部分。

（1）在思政教育心理学范畴体系的建构层面，思政教育心理范畴处于核心地位，展现出显著的生发特性。它能够派生出思政教育主体心理、客体心理、内容心理、载体心理、情境心理、环境心理、施教心理以及接受心理等一系列相关范畴。这一系列衍生范畴紧密围绕思政教育心理这一中心，共同构成了范畴体系的丰富内涵，凸显了思政教育心理在范畴体系构建中的中心地位和生发作用。

（2）在思政教育心理学理论体系的建构方面，思政教育心理范畴融合了马克思主义基本原理与心理学等理论方法，是探究该学科领域的逻辑起点，为整个理论体系奠定了坚实的基础。它不仅为思政教育心理学的研究提供了理论支撑，还指引着该学科理论的发展方向。此外，在思政教育心理学实践体系的建构过程中，思政教育心理范畴同样发挥着重要的指导作用，成为实践生成、展开与应用的根本依据，推动着思政教育心理学实践活动的有效开展。

2. 最高抽象性

在构建思政教育心理学学科范畴体系的进程中，思政教育心理范畴展现了其作为顶层概念的最高抽象性特征。所有概念范畴均源自理论层面的深度提炼与概括。思政教育心理作为该学科架构中的核心概念，其根植于广泛的思政教育实践活动。这一过程不仅涉及对其他相关领域知识的借鉴与融合，更经历了持续的探索与反思，最终凝聚而成，体现了高度的理论抽象。它是对思政教育实践中涌现的心理现象与心理问题的普遍本质进行的抽象化表达，同时也深刻揭示了这些现象与问题背后的一般性规律。这一抽象性具体体现在以下两个维度。

（1）思政教育心理范畴并非局限于某一特定实践活动中心理现象的个别侧面、环节或过程的描述，而是对广泛存在的心理现象与问题普遍本质的概括性反映。

（2）思政教育心理范畴深入揭示了思政教育心理学存在与发展的根本规律，代表了该学科理性认识的最高成就与最深洞察，是学科理论构建中不可或缺的基石。

3. 最高统摄性

在思政教育心理学这一学科领域中，思政教育心理范畴占据着统摄全局的核心地位。该范畴凭借其高度的抽象性特征，形成了独特的全局性统摄力，这是其他学科范畴所难以企及的。从学科演进的历史脉络审视，思政教育心理范畴不仅伴随着思政教育心理学科的成长而持续存在，而且深刻影响着学科建设的每一个关键环节。在学科架构的维度上，作为整个学科体系的基石与核心，思政教育心理范畴构成了其他范畴确立与存在的根本基础，并对思政教育心理学范畴体系的整体构建、发展及完善过程发挥着决定性作用。

由此可见，思政教育心理范畴在思政教育心理学范畴体系中占据着最高级别的地位。这一论断可从以下两个层面进行具体阐释。

（1）相较于思政教育心理学范畴体系的整体，思政教育心理范畴是在对其他范畴进行深入提炼与高度概括的基础上形成的最为上位的概念范畴。其他所有范畴均可视为其内涵的具体体现或在不同层级上的延伸，构成其下位范畴体系。

（2）从范畴间的逻辑关系来看，思政教育心理范畴在思政教育心理学的基本范畴、一般范畴、重要范畴以及具体范畴中扮演着总揽全局的角色，如同一张庞大范畴网络中的核心节点，将各个范畴紧密相连。而其他范畴则围绕这一核心，作为其具体内容与表现形式的展开，共同织就了思政教育心理学的范畴体系网络。

4.方法导向性

思政教育心理范畴在思政教育心理学的具体研究框架与实践应用策略中，发挥着至关重要的导向性作用。该领域的研究从根本上遵循马克思主义的基本立场、观点和方法论，并紧密依托历史唯物主义与辩证唯物主义的哲学基础。同时，它深度融合了心理学的理论工具与方法体系，实现了两者在深层次上的有机整合。马克思主义的相关原理为研究提供了宏观指导框架，而心理学的专业方法则是微观分析的具体手段，两者相辅相成，共同推动学科的发展。在这一范畴内，思政教育心理学的研究不局限于应用马克思主义基本原理和方法，还积极吸纳心理学的多样化研究方法，如实验设计、系统观察、问卷调查、心理测量技术、心理咨询策略、心理分析途径以及档案研究法等。这些方法的引入极大地丰富了学科的研究手段。此外，研究焦点不局限于对思政教育心理现象的表面描述，更加注重探究不同变量间的内在联系与动态关系，强调通过个案深度剖析、临床情境模拟、发展轨迹追踪等心理学研究方法，深化对复杂心理机制的理解与阐释。

三、思政教育心理范畴研究的意义

（一）理论意义

思政教育心理范畴的探究，在理论上对拓宽和深化思政教育心理学的基础理论研究维度，以及加速该学科的体系化建设具有积极意义。

首先，将思政教育实践与心理学的理论框架及研究方法相结合，深入探究思政教育心理的历史脉络、实践形态及根源，并细致分析其本质、特征、功能及价值，有助于准确揭示思政教育心理现象及问题的本质内核与历史渊源。

其次，深化对思政教育领域、实践活动及其过程中"心理现象""心理本质"或"心理问题"的探究，能够进一步明确思政教育心理学的研究重点与目标，为科学界定学科研究对象提供坚实支撑。

最后，学科知识体系通常以其特有的概念与范畴体系为框架，其中核心范畴扮演着构筑学科理论大厦基石的角色，对学科理论体系的构建具有至关重要的作用。因此，加强对思政教育心理范畴的探究，特别是确立其核心地位，有助于人们全面理解、精准把握思政教育心理学中各个具体范畴的内涵、界限，以及清晰梳理不同层级范畴间的内在联系，从而推动学科向更加成熟、系统的方向发展。

（二）实践意义

思政教育心理范畴的深入探究，对提升思政教育的实效性具有显著意义，具体体现在以下四个方面。

第一，有助于增强思想与行为产生及其相互关联的预见性。心理作为中介桥梁，能够更为精确地从个体的思想动态预测其行为趋向或潜在结果，反之，即从行为反馈中分析思想状态。明晰思想与行为关联的心理机制，是科学预见并精准把握个体思想与行为互动关系的基础，从而增强思政教育在预测个体思想行为模式上的客观性与准确性。

第二，有利于提高思政教育的针对性。教师需要基于对教育对象心理活动的深刻理解和心理状态的精准把握，方能有针对性地选用适合的教育策略与媒介。同时，教育对象自我认知的提升，尤其是对自身心理特征与规律的认识，能促进其主动内化思政教育内容，自发开展自我教育。

第三，丰富思政教育方法的运用技术。当前，该领域在方法论上较多借鉴其他学科理论，尚未形成鲜明独特、自成一体的方法论体系。一方面，部分教育方法在实际操作中面临可操作性与技术性不足的问题，而加强心理范畴的研究能显著提升教育方法的"技术性"。另一方面，针对教育方法"技术性"与"伦理性"并存的二元矛盾，深化心理研究有助于缓解并调和这一现实困境。

第四，推动复合型人才队伍建设。在思政教育实践中，兼具心理学与思政教育专业知识的复合型人才尤为稀缺。加强心理研究要求在教育队伍建设中吸纳并培养心理学专业人才，提升教师的心理学理论与实践素养，使其既能深刻理解思政教育的理论精髓，又能灵活运用心理学方法，有效打通思想与行为内在联系的理解障碍。此举不仅优化了思政教育队伍的结构，还极大提升了教育的科学化水平，为思政教育实践注入了新的活力。

第二节　思政教育心理学学科构建的理论基础

一、现代心理学的相关理论

心理学是研究人类心理现象及其规律的科学，它关注个体心理活动的内在机制与外在表现。人的道德品质由道德认知、道德情感、道德意志及道德行为等心理成分构成。思政教育心理学的核心任务在于探究个体思想品德形成的心理过程，分析思政教育中个体行为的心理特点，并揭示相关心理现象及其变化规律。借助心理学的理论与方法，我们能够科学阐释思想品德的形成机制，而现代心理学理论的指导是确保该研究科学性的必要前提。

现代心理学的起源通常被追溯至 19 世纪末的构造主义，随后经历了精神分析、行为主义、认知主义等理论的发展阶段。这些理论广泛涉及个体心理发展的多个方面，其中与思政教育密切相关的内容主要围绕基本心理成分展开，涵盖认知、情感、动机、需要、兴趣、态度等理论。这些心理学理论为思政教育的实践提供了理论支撑，使教育者能够更精准地把握受教育者的心理特点，从而优化教育方式，提高教育的实效性。

（一）认知理论

认知是人脑对客观事物特性及其内在联系的反映，并在此基础上揭示事物对个体的意义与影响。认知理论涵盖多个研究领域，包括认知结构理论、认知发展理论、认知风格理论、认知偏差理论、认知矫正理论及认知不协调理论等。这些理论从不同角度探讨了个体对同一事物产生差异性认知的根源。认知结构理论关注知识的组织方式及其对学习的影响，认知发展理论分析个体认知能力的成长规律，认知风格理论强调个体在信息加工过程中的特征差异，认知偏差理论研究个体在认知过程中可能产生的系统性误差，认知矫正理论探讨如何调整认知偏差，认知不协调理论则揭示个体在面对不一致信息时的心理调节机制。

（二）情绪理论

现代心理学对情绪现象的研究呈现多元化取向，包括詹姆士—兰格情绪理论、华生的行为主义情绪理论、阿诺德的评定—兴奋理论、拉扎勒斯的认知—评价理论以及伊扎德的情绪动机—分化理论等。这些理论虽视角各异，但均揭示了情绪的复杂性。情绪的产生涉及认知加工与生理反应的双重作用，不仅受个体对外界刺激的认知评估影响，也伴随生理层面的相应变化。在思政教育中，受教育者的情绪反应直接影响教育效果。因此只有精准把握个体的认知状况，有效引发合理情绪，形成积极、肯定的心理体验，对于提高教育内容的接受度以及思政教育的实效性至关重要。由此可见，各类情绪理论为揭示思政教育中的心理规律提供了重要的理论支撑，为优化教育实践奠定了科学基础。

（三）需求理论

需求是个体心理结构的核心要素之一，是思政教育接受的内在动力源泉。在思政教育接受过程中，接受主体的动力机制决定了其对教育内容的自觉选择，并影响接受客体的指向性。需求作为推动个体认知、情感及行为变化的关键因素，在思政教育实践中具有重要作用。

现代心理学关于需求的理论，如需求层次理论、"生存—关系—成长"理论、成就需求理论等，为揭示思政教育接受主体的需求心理提供了理论依据。这些理论强调不同层次需求在个体心理活动中的作用差异，因此深入分析受教育者的需求特征及其层次结构，有助于把握思政教育过程中的心理规律。

（四）态度理论

现代心理学对态度的研究形成了多种理论取向，如态度学习理论、认知反应理论、强化理论、平衡理论、预期价值理论、认知失调理论及层次理论等。这些理论从不同角度探讨了态度的形成、发展及变化机制，尽管各理论基础不同，但均为理解个体态度的塑造与调整提供了有力支持。态度的形成受认知、情感及行为倾向等多种因素影响，其变化过程则涉及信息加工、价值判断及内部一致性的调整。在思政教育过程中，个体的思想道德认识与态度不仅影响其对教育内容的接受程度，还塑造着其价值观念。思政教育心理学的核心任务在于运用态度理论的研究成果，深入分析个体思想态度的形成机制，探索有效的教育策略，以助力思政教育目标的实现。

（五）动机理论

动机在个体行为的发生、方向、强度及持续性方面发挥着重要作用。它作为基于需要而产生的内在驱动力，能够激发个体的主动性，引导其行为朝着预期方向发展。在思政教育过程中，动机不仅影响着受教育者的认知与情感反应，还直接关系到思想品德的内化与外化。

现代心理学中的成就动机理论对思政教育具有重要价值。不同个体因需求层次的差异，对成就、权力及亲和的需求各不相同。因此，在思政教育中，合理运用激励机制，使教育内容契合受教育者的不同动机，有助于促进思想品德认知向实际行为的转化。此外，个体的高成就动机不仅受个人因素影响，还与其成长环境及早期教育紧密相关。

（六）心理咨询理论

心理咨询起源于20世纪初的职业指导运动，经过长期发展，形成了多种理论流派，并催生出多样化的咨询方法与技术，其应用领域也不断拓展。无论是精神分析、行为主义、人本主义，还是自我心理学流派，尽管理论观点与实践方法各有不同，但心理咨询的核心目标始终是促进个体的自我调适与成长。20世纪80年代，心理咨询理论被引入中国，并在学校、医疗机构等领域得到实践应用。随着本土化进程的深入，心理咨询理论在适应社会文化背景的基础上不断优化，理论研究与实践探索均取得显著成果。在思政教育领域，自20世纪80年代思政教育疏导方针提出以来，心理咨询逐渐成为其中的重要组成部分。

（七）个性心理理论

在现代心理学中，个性与人格常被视为同义词，个性心理理论的研究对象即为个体的个性特征。个性是多种心理品质的综合体现，包括智慧、德行、气质和技能等多方面特质。个性的核心在于自我，自我由多个层次构成，包括物质自我、精神自我、社会自我及纯我。不同心理学派对个性形成的机制有不同的解释，行为主义心理学认为个性是通过学习习得的，通过刺激—反应模式和强化机制逐渐形成稳定的行为模式，即性格。

在人本主义心理学中，个性的发展被视为个体自我实现的过程，高峰体验作为一种特殊的心理状态，被认为能够促进个体潜能的发挥，推动自我实现。这些理论为思政教育提供了重要的心理学依据，使教育工作者能够更准确地理解受教育者的个性特征，并据此采取因材施教的方法，提高教育的针对性和实效性。

（八）积极心理学理论

积极心理学以研究个体积极心理品质为核心，关注人的力量、美德及潜在优势。该理论是在心理学长期侧重消极问题研究的背景下提出的，旨在通过强调积极体验、个人优势及社会关系，促进个体心理健康与全面发展。积极心理学的理论框架主要包括积极主观体验、积极个人特质和积极社会关系三个方面。

在思政教育实践中，积极心理学理论提供了一种全新的教育理念。传统思政教育往往采用灌输、批评和惩罚的方式来纠正受教育者的不良思想和行为，这种方式容易导致教育双方的对立，使受教育者产生抵触心理，影响教育效果。相比之下，积极心理学强调通过肯定、尊重、鼓励和欣赏的方式来激发受教育者的内在积极品质，使其在平等、信任和公正的氛围中形成积极的心理体验，从而增强思政教育的接受度和有效性。

运用积极心理学的理念，可以使受教育者更主动地接受思政教育内容，并通过增强其积极情感体验，激发其自我提升的内在动机，使思想品德认知更顺利地转化为品德行为。同时，教育者通过构建积极的社会关系，不仅能够提高自身的影响力，还能够促使受教育者在互动过程中形成积极心理品质，进而提升思政教育的整体实效。

二、思政教育的相关理论

中国的思政教育历史悠久，随着社会形态的演变而不断发展。从剥削阶级社会的思想灌输，到中国共产党领导下的思政教育体系的建立，思政教育理论始终与时俱进，不断丰富完善。特别是 20 世纪 80 年代以来，思政教育逐步发展成为独立的学科领域，构建了现代思政教育学体系。经过多年研究，该领域取得了诸多重要的理论成果，包括思政教育原则理论、方法论、主客体关系理论、疏导理论以及思政教育规律理论。近年来，思政教育接受理论与疏导理论的提出，为思政教育心理学的形成提供了重要的理论背景。

传统思政教育理论为思政教育心理学的建立奠定了基础，但在实践中存在一定的局限性，如对受教育者主观能动性、心理需求及心理发展规律关注不足。现代思政教育理论在此基础上不断调整和优化，尝试引入心理学理论，以更科学的方式分析和解决思政教育中的问题。随着心理学在思政教育中的应用逐渐深化，思政教育心理学作为交叉学科应运而生，并在理论研究和实践探索中不断发展。

（一）思政教育接受理论

思政教育接受理论关注的是教育过程中受教育者选择、吸收并内化教育内容的心理机制。该理论认为，思政教育接受是受教育者在外部环境特别是教育活动的引导下，主动选择和处理思想教育信息的能动过程。接受活动不仅是对教育内容的简单反应，还涵盖了信息的选择、反映、整合、内化以及最终外化为行为的多层次过程。

思政教育接受活动的核心在于教育主体与客体之间的互动关系。具体表现为受教育者根据自身需求和环境影响，经过认知、情感等心理过程，对教育内容进行筛选、整合并逐步内化为个人的思想与行为。这一过程是一个连续的、动态的系统，受教育者通过这一过程将社会的思想观念、政治观点及道德规范等内化为自己的价值观念，并最终转化为实际的品德行为。

在思政教育接受心理的基本结构中，心理学研究将其划分为三个核心心理因素：需求、认知与情感。需求作为动力源泉，推动个体选择和反映教育信息，激发其对思政教育的兴趣与参与度；认知是指个体如何理解、解释和整合所接收到的教育信息，并将其逐步内化的心理过程，是教育内容转化为个人信念和行为的关键；情感则在整个接受过程中起到调节作用，影响受教育者的接受态度与情感反应，对教育效果产生重要影响。

思政教育接受心理的独特性在于，它不仅具有一般心理现象的基本特征，还因思政教育的特殊性质而拥有一些独特属性。

首先，受教育者对思政教育的接受并非孤立存在，而是在其已有的社会经验、世界观和价值观的框架内进行。这些先验观念会影响受教育者对外部教育内容的选择性接受，即更倾向于接纳与其既有信念一致的信息，而对与其信念冲突的信息产生排斥。

其次，情感因素是思政教育接受中的关键调节因素。受教育者对教育内容的情感反应直接影响其接受过程的质量。愉悦的情感体验能够增强教育内容的吸引力和接受度，而负面情绪则可能导致受教育者对教育内容的拒绝或抵触。因此，情感因素不仅仅是接受过程中的一个附加条件，更是教育效果能否达成的关键因素。

思政教育的最终目标是实现教育的有效性，即教育信息能够充分被受教育者接受和内化。在实践中，教育者首先需要考虑的是受教育者的接受可能性，这一可能性取决于他们的思想准备和心理状态。因此，研究受教育者的接受心理，不仅是思政教育理论研究的重要组成部分，也是教育实践中有效施教的前提。良好的接受心理能够为教育效果的实现提供保障，而对接受心理的深入研究与理论发展，有助于揭示思政教育活动中的心理规律，进一步提升思政教育的科学性与实效性。

（二）思政教育方法理论

思政教育是一种实践性极强的活动，其终极目标是促进人的社会化和社会的个体化。人的社会化程度和社会的个体化程度是衡量思政教育这种活动有效性的标志。而有效性的本质在于活动本身的科学性，这包括活动过程的科学性和活动结果的科学性，其中活动过程的科学性是实现活动结果科学性的前提，实施方法的科学性则是保证活动过程科学性的关键。思政教育方法的科学性，是指思政教育方法以辩证唯物主义和历史唯物主义的科学理论为指导，能深入认识人的思想和行为变化的规律，并吸收现代管理科学和相关科学的研究成果，进行综合性、整体性研究。①

思政教育的方法有基本方法、具体方法和操作方法等不同层次。基本方法是思政教育普遍适用的原则性和基础性方法，如原则指导性方法中的实事求是法、平等待人法、分层次教育法和积极引导法等，这些方法也被其他教育形式普遍使用的。基础性方法有精神鼓励与物质鼓励结相合、言教与身教结合法、典型教育法；路径性质的方法有理论教育法、实践教育法、传播教育法、自我教育法等。载体性质的方法有寓教育于活动法、环境熏陶法、管理教育法等。具体的方法包括：思想信息收集的方法，如观察法、调查法、预测法等；思想信息分析的方法，如因果分析法、比较分析法、定性定量分析法、系统分析法、典型分析法、矛盾分析法、敏感性分析法等；思想教育实施过程中的方法，如说理教育法、情感教育法、激励教育法、典型教育法、后进教育法、冲突缓解法、心理咨询法等。操作性的方法则是具体的技巧性方法，如聆

---

① 祖嘉合. 思政教育方法教程 [M]. 北京：北京大学出版社，2004：6.

听法、谈话法、对比法、疏方法、感染法等。

考察思政教育的方法可以发现，无论是原则性方法还是具体的技巧性方法，其出发点都是人的思想和心理活动，终极目标都是促成人的思想和心理转变，从而实现对人的世界观、人生观和价值观的塑造和改造。因此，思政教育方法理论中蕴含着丰富的心理学理论和方法。

（三）思政教育疏导理论

疏导是中国共产党处理人民内部矛盾的基本方法，也是开展思政教育的基本方针。疏导方法在中国有着深厚的历史传统和理论渊源。随着现代社会的发展，传统的疏导方法和理论不断得到发展和创新，其内涵和外延都有了新的拓展。疏导理论作为中国共产党处理人民内部矛盾的核心方法论，是思政教育体系的重要理论基础。这一方法植根于中华文明的治理智慧，其理论架构经历了传统治理经验与现代科学理论的融合创新，展现出鲜明的时代特征与学术价值。

现代思政教育疏导理论呈现出多维度的创新特征：其一，在方法论层面，实现了跨学科整合，既继承了传统教育实践中总结的"晓理动情导行"经验，又有机融合了现代心理咨询的评估干预技术；在实践维度，构建了差异化实施体系，依据教育主体的专业特征，形成了思想引导与心理调适的协同机制；在理论架构上，突破了传统范式，将疏导对象从思想认知拓展至心理过程，建立了基于知、情、意互动规律的教育模型。这种理论创新具体表现为：教育者通过临床访谈技术把握受众心理动态，运用认知重构方法消除思想障碍，借助情感共鸣策略建立教育信任，最终实现价值观引导与心理健康的协同促进。

当前，疏导理论已发展成为包含价值引导机制、心理干预技术和教育评估体系的方法论系统。其理论价值不仅体现在提升思政教育的效能上，更重要的是构建了具有中国特色的心理教育范式——既区别于西方心理咨询的价值中立原则，又突破了传统医学模式的病理治疗局限，形成了以社会主义核心价值观为引领，整合思想教育规律与心理发展规律的新型教育科学体系。这一理论创新为思政教育心理学学科建设提供了重要的方法论支撑，也为新时代群众工作的实践创新开辟了理论路径。

第三节 思政教育心理学学科构建要求与原则

一、思政教育心理学学科构建的要求

学科构建应遵循基本要求与特点，包括明确研究的意义、确定研究的出发点、合理界定研究对象和内容，以及设定学科体系目标等。解决这些问题，不仅要遵循学科构建的普遍原则，还需适应学科的独特性质。在此基础上，学科构建应充分考虑其特有的理论与方法体系，以确保学科体系的完整性与科学性。

（一）以学科性质为出发点构建学科体系

学科体系的建立与完善不仅是学科发展的结果，也是学科成熟的重要标志。然而，在思政教育心理学学科建设的过程中，一个亟待解决的突出问题是该学科体系尚未形成。作为一门新兴学科，思政教育心理学的学科体系建设尚处于起步阶段，学界对该学科的理解和观点存在较大分歧。通常，可以归纳为以下两个方向。

第一，从思政教育活动的基本要素，如教育对象、社会需求和教育者等出发，分析思政教育过程，并探索与教育活动相关的各类心理成分。这些心理成分可能包括教育者自身的心理、教育过程中所体现的心理、教育对象的心理，以及教育环境对心理的影响等。这一理论立场凸显了思政教育学科的视角，认为思政教育学科的框架和内容对思政教育心理学的构建具有决定性影响。其核心在于将心理学内容与思政教育的结构紧密结合，强调教育活动的具体情境。

第二，以心理学为基础，从人的心理现象入手构建思政教育心理学的学科体系。该理论着眼于心理学框架下的各种心理特征，如意志心理、情感心理、个性心理以及群体心理等，试图通过对这些心理现象的探讨，构建与思政教育紧密相关的心理学体系。这种观点强调心理学的学科体系对思政教育心理学的引导作用，力求将思政教育学科的内容纳入心理学的理论与方法框架，推动其在心理学的视域中进行整合。

上述两种观点的主要分歧在于研究的出发点与分析的角度。前者从思政教育学的立场出发，主张将心理学融入思政教育学的体系之中，强调教育过程中的心理因素对教育效果的影响；后者则从心理学的角度出发，试图将思政教育相关的心理现象纳入心理学的理论框架中，形成统一的学科体系。尽管两种观点各有其合理性和现实意义，但由于缺乏有效的整合，这种理论分歧不利于明确和发展思政教育心理学的学科意识，且难以为学科的长远发展提供清晰的理论支持。因此，在构建思政教育心理学学科体系时，必须充分考虑该学科的交叉性质，尊重其作为心理学与思政教育学交叉学科的根本属性。

具体而言，思政教育心理学的学科体系应当从交叉学科的性质出发，兼顾心理学和思政教育学的相关内容。然而，单纯将两者拼接或叠加并不符合学科建设的科学性要求。学科的构建需要明确其归属，确定在交叉学科体系搭建中发挥主导作用的母体学科。换言之，思政教育心理学需要明确自身的学科定位，既要尊重心理学的学科框架，又要融入思政教育的特殊需求，形成既有心理学理论支持又具有思政教育实践意义的学科体系。

（二）以思政教育心理规律为核心研究对象

思政教育心理学的研究对象的确立，应先厘清思政教育心理学与心理学，以及思政教育与心理教育之间的关系，为思政教育心理学的学科定位提供理论依据，同时科学界定其研究内容和范围。

首先，明确思政教育心理学与心理学的关系是确立其研究对象的基础。心理学是研究人类心理现象及其产生、发展的普遍规律的科学。作为一门庞大的学科，心理学包括普通心理学、发展心理学、社会心理学、个性心理学、教育心理学、医学心理学、运动心理学、管理心理学等多个分支，涉及个体与群体、常态与病态等各类心理现象。因此，心理学的研究范畴广泛涵盖各种心理现象与规律，思政教育心理学作为心理学的一个分支，其研究内容聚焦于思政教育过程中的心理现象和心理活动。可以说，思政教育心理学与心理学之间是特殊与普遍、个别与一般的关系。思政教育心理学的研究范畴虽然不超出心理学的框架，但其研究领域十分明确，即专注于思政教育中的心理规律及其作用机制。

其次，区分思政教育与心理教育之间的差异，也是确立思政教育心理学研究对象的必要前提。思政教育与心理教育在理论基础、目的和内容上具有显著差异。虽然思政教育可以借鉴心理教育的一些方法和技术，但两者的工作体系和目标导向本质不同。思政教育旨在通过系统的思想引导和教育过程，提升个体和集体的思政素质；而心理教育则更侧重于解决个体的心理问题和困惑。

（三）以探索规律提高实效为研究意义

思政教育心理学的研究旨在运用心理学方法解决思政教育实践中的具体问题。问题的解决必须遵循事物发展规律，才能确保达到理想的效果。在思政教育中，心理学方法的成功应用依赖于对规律的遵循，既要符合受教育者的心理发展规律，又要考虑教育者的心理特点，还必须遵循教育的普遍规律。因此，思政教育心理学的研究不仅提供了方法工具，更重要的是提出了方法使用的基本原则，即遵循思政教育中的心理规律，并探索在教育中有效运用这些规律的策略。由此可见，思政教育心理学的研究意义在于深入探索这些心理规律，以提升教育的实效性。通过揭示并应用这些规律，教育者可以更科学、合理地开展思政教育，确保教育过程的顺利进行，并实现预期的教育目标。

（四）以教育中的心理规律为具体研究内容

思政教育作为一种特殊的教育形式，具有独特性，但作为教育的一种，仍然包含教育的基本要素：教育者、教育对象、教育过程和教育环境。因此，思政教育心理学的研究必须涵盖这些要素的心理规律，以确保教育活动的顺利进行和教育效果的实现。

第一，从思政教育受教育者的角度出发，思政教育心理学的研究应聚焦受教育者的心理特征、心理状态及个性倾向等方面。这些因素直接影响受教育者在思政教育过程中的表现及最终的教育结果。受教育者的心理态度是决定其对社会要求的政治道德规范接受程度的关键，不同的心理态度可能导致他们对思政教育的反应差异，最终影响教育的成效。此外，受教育者的心理状态也对教育内容的接受和吸收产生重要影响。心理状态良好的受教育者更能积极地接受教育内容，进而实现教育目标。而受教育者的个性倾向，尤其是其对教育内容的选择性和偏好，也在很大程度上决定着思政教育的效果。因此，受教育者的心理活动规律，特别是其心理态度、心理状态和个性特点，应该是思政教育心理学研究的重要内容。

第二，从教育者的角度出发，思政教育心理学的研究内容应涉及教育者的心理素质、心理品质、个性倾向及个性心理特征等方面。教育者的心理特征对思政教育的质量和效果具有深远影响。一个具备良好心理素质和心理品质的思政教育者，能够在教育过程中快速而准确地理解受教育者的心理需求，并做出合适的教育调整。教育者的个性倾向、情感态度以及知识结构都会影响教育过程中的互动效果。如果教育者缺乏必要的心理素质、知识结构或个人特质，那么其教育行为可能难以有效激发受教育者的学习兴趣与主动性，甚至可能产生负面影响。因此，思政教育心理学应从教育者的心理特征出发，研究其对受教育者及教育过程的影响，以此评估教育者是否具备足够的心理素质和能力来有效开展思政教育工作。

第三，思政教育心理学还需要从教育过程的角度，研究教育者与受教育者之间的心理互动规律。思政教育过程是一个动态的互动过程。在这一过程中，教育者传递社会所要求的思政道德规范，受教育者根据其个体的心理特征选择性地接受这些规范。受教育者的心理接受过程通常经历认知、情感、意志及行为的逐步内化与外化。当受教育者通过认知和情感反应将社会要求内化为自我意识后，他们便会将这些内化的意识转化为品德和行为习惯，进而体现思政教育的效果。因此，思政教育的心理规律必须涵盖教育者与受教育者在教育过程中的相互影响和相互作用，这一过程必须遵循认知、情感与行为的心理发展规律，以确保思政教育的有效性。

第四，教育环境对思政教育的影响也是思政教育心理学的重要研究内容。人是社会关系的总和，个体的心理活动深受社会环境、时代背景以及自身成长背景的影响。不同的国家、民族、家庭环境乃至地理位置等因素，都会对个体的心理产生深远影响，进而影响其对思政教育的接受与理解。此外，教育环境本身也对教育对象的心理活动有着重要的作用。教育所提供的环境，包括家庭、学校、社区、群体等不同层面的社会环境，都会在一定程度上影响个体的心理状态和认知方式，从而影响思政教育的效果。

（五）坚持研究方法的多样性

研究方法是实现目标和完成任务的必经路径，而具体学科的研究方法需根据学科特点和研究对象的特点来确定。思政教育心理学的研究方法与原则，是基于人类心理活动的内在规律、发展特点以及思政教育学的学科属性而设定的。在开展思政教育心理学研究时，必须规避唯心论的倾向，即不能仅从内省出发，将心理视为无法进行外部观测的神秘现象。同时，也不能陷入行为主义的桎梏，忽视个体的主观能动性，将人视为对外部环境刺激的被动反应体。此外，思政教育心理学还应避免人本主义的抽象化，脱离社会现实来研究"人性"。因此，思政教育心理学应以历史唯物主义和辩证唯物论为指导思想，通过分析教育对象的实际情况，采用切合实际的教育研究方法，以实现科学有效的研究与实践。具体研究方法如下。

1. 文献研究法

文献研究法是一种通过查阅和整理已有文献，深入分析课题来源及发展趋势的研究方法。这一方法对于全面了解特定地区或单位的历史背景与现状，系统把握人物或事件的相关信息，进而借鉴以往研究成果以提升研究水平，具有重要意义。思政教育历经多次发展与变革，相关史料为后续研究提供了丰富的素材，蕴含了宝贵的经验与教训，值得深入发掘和研究。具有中国特色的思政教育是总结正反两方面历史经验所形成的体系，相关文献中包含了众多心理学研究资料，这些资料为思政教育中的心理学研究提供了坚实基础。

2. 现状调查法

现状调查法是社会科学研究中常用的一种方法，在思政教育心理学的研究中得到了广泛应用。鉴于人的心理和思政教育之间的复杂联系，现状调查法成为研究心理现象及其变化过程的重要手段。心理学的研究对象多样且多变，现状调查法的运用使研究者能够有效收集关于受教育者心理状态和思想动态的第一手资料。

现状调查法通常包括观察法、谈话法和问卷法三种主要形式。每种方法都有其独特的作用、优势及相应的局限性。

（1）观察法

观察法是一种基础的研究方法，通过观察对象在自然环境下的言行、表情等外部表现，来推测其内在的心理活动。此方法的优点在于能够直接获取受教育者自然状态下的行为表现，确保研究资料的真实性和自然性。历史上，许多教育家和心理学家都运用观察法来分析心理现象，取得了显著成果。然而，观察法的局限性在于它只能捕捉到受教育者行为的表面现象，难以深入探究其内心的复杂心理活动。因此，在思政教育工作中，单纯依靠观察法无法全面了解受教育者的思政状况，往往需要结合其他方法进行补充和验证。

（2）谈话法

谈话法是通过与研究对象的直接交流，了解其心理活动和思想状况的研究方法。与观察法相比，谈话法具有更强的主动性，研究者能够通过与受教育者的对话深入了解其内心世界，进而指导思政教育工作。谈话法既可以是非正式、随意的交谈，也可以是有组织、有计划地深入对话。它具有较高的灵活性和互动性，能够获取更为丰富的信息，并且能够通过受教育者的语言和肢体表达，进一步分析其思想状况。然而，谈话法也存在一定的局限性。如谈话过程中可能出现模糊和歧义的表达，导致研究者无法获得准确的信息。此外，谈话法耗时较长，尤其是在大规模研究中，效率较低，数据的统计与分析工作也繁琐复杂。

（3）问卷法

问卷法通过设计标准化的问卷，以系统化的方式收集大量样本数据，从中分析受教育者的心理特征和思想状况。此方法的优势在于能够在较短时间内收集大量样本，具有较高的代表性和数据分析的可操作性。通过问卷法，研究者可以获得较为全面的群体数据，便于对数据进行统计分析和模式识别。然而，问卷法的有效性和准确性在很大程度上取决于问卷的设计质量和抽样方法。问卷设计必须充分考虑其适切性和有效性，避免出现设计缺陷和误导性问题。同时，问卷的回收和数据处理也要求较高的技术能力，研究者需要具备一定的数据分析能力和严谨的工作态度。

3. 心理体验法

心理体验法是思政教育心理学研究中一种重要的方法，它要求研究者将自己置于研究对象的位置，通过设身处地、换位思考的方式，亲身体验对象的心理状态，从而深入了解和掌握不同个体在特定情境下的心理反应。这一方法有助于研究者深刻理解思政教育过程中人类心理与教育内容之间的关系。在思政教育心理学的实践中，研究者不仅需具备理论知识，还应当具备实践经验，因为该学科的核心目标在于服务实际教育工作。运用心理体验法，研究者能够更准确地把握受教育者的心理变化，并根据这些变化制定具有针对性的教育策略，使思政教育工作更加贴近受教育者的实际需求，进而提升教育效果。

4. 经验总结法

经验总结法是一种将丰富的教育实践经验进行总结、概括与提炼，提升为理论的方法。在思政教育心理学中，实践经验是理论发展的基础，理论则是对这些经验的科学总结。只有在实践的基础上进行正确的总结，才能形成具有科学指导意义的理论。思政教育心理学是一门实践性极强的学科，它不仅来源于思政教育的实际活动，还服务于这些活动，并不断接受实践的检验与完善。实践为思政教育心理学的发展提供了源泉和动力。通过在教育过程中广泛应用心理学理论，教育者能够实现实际工作的创新，并积累大量成功的实践经验。将这些经验及时总结并提升为理论，不仅能够促进思政教育心理学的深化发展，还能为未来的教育实践提供理论支持，进而推动思政教育的科学化与规范化进程。

（六）坚持学科的多重性质

思政教育心理学的学科性质是决定其研究方向、理论构建及实践应用的核心因素。学科的多重性质不仅影响学科的内涵发展，还决定了其在跨学科研究中的地位和作用。在思政教育心理学的研究过程中，必须明确界定其研究意义、研究对象、研究内容和研究方法，这些要素共同构成了学科理论体系的基础框架。特别是思政教育心理学与其他学科的交叉性，要求研究者充分认识并尊重这种交叉特征，进而推动学科的持续发展与完善。

第一，思政教育心理学的交叉性使其成为一门综合性的学科。它不仅是思政教育学与心理学的有机结合，还融入了其他相关学科的研究成果。思政教育学提供了教育目标、理念及方法的理论框架，心理学则为学科提供了分析个体心理过程、情感变化及行为模式的科学工具。因此，思政教育心理学的研究基础包括心理学、思政教育学以及社会学、政治学、教育学、伦理学等多个学科的理论知识。这种交叉性使得思政教育心理学不局限于对思政教育的探讨，还在心理学领域中发挥着重要作用，促进了两个学科在实践中的相互融合。[①]

第二，思政教育心理学强调应用性，旨在将心理学的研究成果应用于思政教育的实际工作中。在应用过程，该学科以提升思政教育的科学性与实效性为核心目标，致力于为思政教育实践提供理论支持和技术方法。在这一过程中，学科必须保持清晰的研究定位，始终围绕思政教育的核心目标展开研究，同时积极吸纳心理学的有益成果，提高思政教育的实践能力。

第三，思政教育心理学理论和实践高度统一，展现出显著的实践性。该学科主要研究思政教育过程中涉及的心理活动与心理规律，具有鲜明的实践导向性。思政教育心理学深植于实践，其研究的核心内容是思政教育过程中人的心理活动和心理规律。人的心理与思想是对客观现实的主观反映，虽然

---

① 张云. 思政教育心理学 [M]. 上海：上海人民出版社，2001：10.

这种反映具有主观性，但其内容来源于客观世界并受客观物质世界的制约。因此，思政教育心理学致力于揭示和解释教育过程中个体的心理机制，旨在通过提供科学的心理学方法与技术，帮助教育工作者优化教育过程和提升教育效果。理论与实践紧密结合，思政教育心理学为实践服务，旨在提升教育效果。理论成果的正确性和有效性必须经过实践验证，随着新问题的出现，理论体系应不断完善与发展。

第四，思政教育心理学以科学的方式认识和阐释人类心理活动的客观规律，具有严密的科学性。在思政教育过程中，既要关注人的物质需求，考虑生理因素对心理的影响，也要重视决定思想和心理发展的社会因素。教育者应通过满足人们的精神需求和提升思想觉悟，促进其思政觉悟的提升。思政教育不能单纯依赖物质激励或惩罚措施，而应坚持以教育为主，从根本上提高个体的思政觉悟与道德水平，促使其主动内化社会规范与价值观。

思政教育心理学不仅要为个体心理品质的形成与发展创造良好的外部环境，还应充分发挥人的主观能动性，合理引导个体进行自我教育。教育的核心应聚焦于提高个体的抗诱惑能力与心理承受能力，从而帮助其更好地适应社会要求和内在道德规范。同时，思政教育应认识个体心理特征的复杂性与多样性，辩证地看待其积极与消极方面，并根据个体的具体特点与思想层次，制定相应的教育策略与要求。

人的心理与思想是复杂而多变的，但可以通过科学方法进行观察、分析与理解。思政教育心理学应通过对个体心理活动的科学研究，帮助教育者把握人们的思想脉搏，深入了解教育对象的心理状态和需求。教育者应在思政教育的实践中，遵循心理学的基本原理与方法，确保教育工作始终围绕心理规律展开，以提升教育的实效性和影响力。

二、思政教育心理学学科构建的原则

学科构建是一个复杂且系统的工程，受到基础教育、高等教育、国家教育政策以及社会多方面因素的共同影响。在这一过程中，应当遵循动态性、整体性和创新性原则，以确保学科体系能够适应不断变化的教育环境，并持续推动学科的发展。

动态性原则强调学科构建是一个不断发展的过程，任何系统都不应被视为静止不变的。在构建学科时，必须关注系统本身、各要素以及外部环境之间关系的变化，确保学科能够应对内外的挑战与需求变化。学科建设需灵活应对教育实践和社会需求的动态变化，及时调整研究方向和方法，以保持其活力与发展潜力。

整体性原则要求我们在学科建设时不能孤立地看待单个学科或领域，而应从整体角度考虑系统各部分的联系与协同作用。在学科构建过程中，相关学科应作为一个整体来综合考虑，充分认识学科之间的交叉和融合，避免片面或孤立的学科发展模式。特别是思政教育心理学的构建应当注重与其他学科之间的互动与协同，以提升其整体效能和学科价值。

创新性原则在学科构建中具有双重含义。一方面，学科本身的创新要求通过纵向延伸和学科之间的渗透交流，不断推动学科的前沿发展，提升其学术地位和创新能力。另一方面，管理创新也至关重要。学科建设的管理者应不断培养创新思维，通过改进管理方式和工作模式，提高学科建设的效率与质量。创新不仅体现在理论层面，也应体现在学科管理和实践操作中的改革与优化。

在思政教育心理学的构建过程中，必须将其纳入马克思主义理论学科体系，并依托整体系统进行构建。思政教育心理学作为一个独立的学科，应当体现出其独特的性质与特点，同时在动态系统中分析和调整自身的学科框架。只有通过不断创新和适应教育环境的变化，思政教育心理学才能在学科体系中占据重要地位，推动其理论和实践的进一步发展。具体来说，思政教育心理学学科构建应遵循以下原则。

（一）以马克思主义方法论为指导

在推进思政教育心理学学科体系的构建过程中，必须坚持马克思主义方法论，从理论与实践的结合出发，以科学严谨的态度推动学科发展。

首先，从学科发展的取向出发，明确思政教育心理学的学科性质和基本范畴，进而构建学科的整体框架体系。我们应抓住学科的核心特征，遵循其内在规律进行逻辑推演，最终形成一个严密、系统的学科框架。这一框架应符合思政教育心理学的特殊性，保证理论体系的连贯性和一致性，为学科发展奠定基础。

其次，加强对思政教育心理学基础理论的研究至关重要。理论是学科发展的根基，夯实基础理论为学科体系的构建提供了必要的条件。在这一过程中，我们需要特别注意思政教育学与心理学的理论整合。通过深入分析两者的内在联系与交叉点，有效地结合思政教育的实践需求，推动理论创新与深化。整合心理学的相关理论与思政教育学的内容，能够丰富思政教育心理学的理论内核，为学科体系的构建提供更加坚实的理论支持。

最后，增强学科的规范意识、提升其社会影响力是推动思政教育心理学发展的重要途径。学科规范化建设要求创造一个自由、规范的学术环境，鼓励学术交流与互动。与相关学科的合作与借鉴，能够促进思政教育心理学的不断进步与发展。此外，我们应建立健全学科建设评估体系，以系统的反馈机制促进学科的不断优化。适时评估与调整，可以确保学科建设的质量与效果，提升学术影响力，增强学科的服务功能，使其能够更好地服务于社会、服务于国家的教育实践，从而建立面向未来的科学学科体系。

（二）以马克思主义实践观为指导原则

马克思主义认识论的核心之一是实践观，它强调理论必须与实践紧密结合，并通过实践不断检验和发展理论。在思政教育心理学学科建设中，尤其是在实证研究较为匮乏的背景下，我们必须坚持马克思主义的实践观，以增强学科的实际应用性与实践针对性。

首先，马克思主义实践观要求我们在学科建设过程中要高度重视理论与实践的结合，确保学科理论紧密联系实际。在思政教育心理学的建设中，我们应深入研究重大理论问题，并对经验性问题和思辨性问题进行系统的理论分析。同时，需要积极回应学科建设过程中遇到的实践问题，提高对实证性和客观性问题的分析能力，填补学科发展中的实践空白。通过关注和解决现实中面临的热点和关键问题，推动学科建设的科学化进程，从而提升学科建设的现实针对性和科学性。

其次，马克思主义实践观还要求思政教育心理学在学科建设过程中突出其对实践的指导作用。学科不仅要开展理论研究，更应关注实际操作层面的应用，特别是要加强对具体实践问题的指导。为此，思政教育心理学应立足于典型案例分析，为思政教育实践中的心理问题和心理矛盾提供理论和方法上的支持，努力消除实践中可能出现的负面心理因素，进一步发挥思政教育心理学作为应用性学科的重要功能。

（三）以马克思主义人才观为指导原则

在推动思政教育心理学学科队伍建设的过程中，必须坚持马克思主义人才观，明确人才是社会发展需求的产物，且其标准需要随社会发展不断演进。

思政教育心理学的学科建设与发展离不开高素质的人才队伍，只有建立和培养一支优秀的学科队伍，才能为学科的健康发展提供持续的智力支持和人才保障。

第一，学科队伍建设是学科发展的关键环节。优秀的学科队伍不仅是学科发展的推动力，还在学术研究和教学活动中发挥重要作用。因此，依据马克思主义人才观，推动思政教育心理学学科队伍建设需要从多个方面着手。应培养并选拔一批具有学术影响力的学科带头人，使其在学科发展过程中发挥核心作用，作为研究的引领者和学术方向的制定者，凝聚团队力量，推动学科建设的持续稳步发展。学科带头人的学术引领能力直接关系到学科的学术高度和学术氛围的构建。

第二，要加强骨干教师队伍的建设。骨干教师不仅承担教学任务，还应深入开展学科研究，推动思政教育心理学理论体系的创新与完善。因此，必须夯实骨干教师的思政教育理论和心理学知识基础，深化他们对学科的理解，激发他们的学术创新活力，鼓励他们进行跨学科的探索与研究。骨干教师应当在学科队伍中发挥中坚作用，为学科的进一步发展提供有力支撑。

第三，应重视学科队伍的梯队建设。在思政教育心理学学科的发展过程中，需要对学科队伍的年龄结构、知识结构、专业结构等进行优化调整，以保持学科队伍的活力和创新能力。同时，应注重思想建设，强化学科队伍的自主研究意识。通过合理配置资源，逐步形成一支结构合理、层次适宜、思想过硬的学科队伍，为学科的持续发展提供不竭动力。

第四，思政教育心理学的专业设置应坚持马克思主义人才观，确保培养出符合社会发展需求的高素质人才。专业课程设置是学科发展的基础，我们应从本科、硕士到博士的各个层次建立起完整的培养体系，确保课程内容的连贯性与延续性。同时，应推动教材的编写与优化，确保教材体系的科学性与系统性，为课程的顺利开展提供必要的支持。

第四节　思政教育心理学学科构建的条件与体系

一、思政教育心理学学科构建的条件

学科构建是一个持续且动态的过程，需依托一系列条件支撑。尽管不同学科在构建过程中面临的困境各异，但其构建的基本条件具有共性。现有研究指出，学科合法性的判断依据可分为内在合法性与外在合法性。内在合法性强调学者在学科建设过程中应持有端正的学术态度，遵循实事求是的原则，避免追求个人名利，并依照学术界普遍认可的方法进行构建，这一标准被称为学术性标准。外在合法性则侧重学科在实际社会需求中的适应性，即其研究成果和方法能否满足社会的需求，体现实践性标准。

学科建构的条件可分为硬件和软件两个层面：硬件指的是学科所依托的体制结构，如院系设置、专业课程、教学体系以及固定的研究阵地，包括学术刊物、讲座和学术团体等。软件则包括学科的研究对象、目标、知识体系、研究范式、重要研究成果及其背后的学科意识。通过这种"硬件"与"软件"的分类方式分析思政教育心理学的学科建构条件，可以更加清晰地梳理已有资源，并准确把握学科建设过程中的不足之处，为进一步发展提供明确的方向。①

（一）思政教育心理学学科构建的"软件"

学科建构是一项系统工程，由硬件、软件等多种条件紧密构成。就软件条件而言，思政教育心理学的学科构建需要在思想上高度重视，形成学科研究特色，构建完善的学科管理制度，并制定系统的质量评价机制。

1. 思想上重视学科建设

加强思政教育心理学学科建设不仅关乎学术领域的发展，也对国家社会的和谐与稳定产生深远影响。从某种程度上讲，我国的学科建设工作主要由科研机构与高等院校共同承担，这使得学科建设成果成为高校和科研机构的重要荣誉体现。因此，这些机构应为新兴学科的创建提供必要的支持，包括引进优秀人才、组织课题申报、安排重点课程、优化内部机构设置和人员配备等。然而，思政教育心理学作为一门新兴学科，其建设仍处于起步阶段。在学位点设置、研究生招生以及课程设置等方面存在不足，制约了学科的进一步发展。为改善这种状况，必须从思想上高度重视该学科建设的价值与作用，明确其在思政教育工作中的重要地位，同时提升其对心理学领域扩展和完善的贡献。此外，思政教育心理学的建设还应当被视为推动社会和谐与稳定的重要学术力量。因此，需要加强对学科研究者和相关人员的引导，使其

---

① 陈立思. 论"比较思政教育"的学科意识 [J]. 教学与研究，2010（2）：81-87.

充分认识到思政教育心理学的现实意义，促进学科建设的有序推进。[①]

2. 确立学科构建意识

随着人类对自然界和自身问题的深入探索，知识的积累与传承不断推动学科的发展及分化。在这一过程中，学科意识的形成成为学科独立性的基础，是学科自我定义与发展的关键。学科意识不仅是对学科特有价值和无可替代性的认同，也是伴随学科研究者自我意识成熟而逐步发展的认知过程。学科意识的成熟程度是衡量学科发展成熟度的重要标准之一，它随着学科的历史积淀与不断演进而逐渐深化。

思政教育心理学作为一门交叉学科，受到心理学与思政教育学科的双重影响。在这一学科的发展过程中，既体现了思政教育的核心特质，也融入了心理学的科学方法。因此，研究者不仅需要认识思政教育的重要性和心理学对思想教育的贡献，还应当充分认识到思政教育心理学作为独立学科的重要性，确保其保持独立性和主体性，具备自觉发展的基础。

任何学科的构建都始于学科意识的明晰。学者们需要主动并自觉地厘清学科的研究对象、意义与研究方法，确立明确的研究体系，最终达成学科建设的目标。作为一门新兴学科，思政教育心理学当前处于初创阶段。研究者的首要任务是明确学科研究的理论与现实意义，科学界定研究对象，并通过系统化的内容分析，逐步构建符合学科特性和发展需要的研究框架和体系。此外，学科建设不仅是为了学术层面的探索，更是为了回应社会问题、服务社会需求。学科建设的根本目标应当是通过理论研究和实践探索，解决现实中的思政教育问题。因此，学科的形成与发展不仅依赖于学术界的自我构建，更需要与社会实践的需求紧密结合。

3. 形成学科研究特色

学科建设的成效可通过科学研究成果的数量和质量来衡量，科研成果可从三个方面进行分析：一是科研项目的投入成本和项目层次的高低；二是科研成果的奖励和支持程度；三是科研论文的数量以及在国际学术界的影响力。高质量的科研成果必然依托于具有鲜明学科特色的研究领域。然而，思政教育心理学作为思政教育学与心理学交叉的一门学科，其学科发展尚处于不成熟的阶段，科研成果的数量相对较少，且研究主题的定位尚不够明确的情况。

---

① 舒志定. 教育领导学学科建设范式论 [J]. 教育科学研究，2010（11）：12-16.

该学科时常在思政教育学和心理学之间摇摆，有时甚至偏向某一学科，导致难以形成具有独特价值的研究成果。因此，突出学科特色并形成具有独特价值的研究领域，是思政教育心理学学科建设当前亟需解决的重要问题。学科的成功与否，离不开创新驱动，而创新能力正是学科建设能否取得高质量成果的关键。

（1）紧跟同类学科的前沿

在学科建设的过程中，竞争激烈，遵循优胜劣汰的规律。如果学科的科研成果缺乏前沿性，就容易被淘汰，或停滞于二流、三流的层次。在思政教育心理学领域，要求从业者在确定研究方向和选择课题时，应主动吸收并借鉴思政教育学、心理学及相关学科的先进研究成果，选取那些能够对思政教育的理论发展、社会稳定及经济发展等方面产生深远影响的研究课题。只有立足前沿，才能为学科的发展提供持续的动力和创新的源泉。

（2）注重发展学科特色

学科特色即其独特优势，优势往往意味着高水准。思政教育心理学若要保持学科特色，必须坚持"人无我有，人有我新"的原则。在确保拥有一批稳定、领先的研究方向的同时，还应不断探索创新，开拓新的研究领域。唯有如此，学科才能始终保持在学术竞争中的优势地位，避免陷入重复性研究的困境。学科特色的形成不仅能够彰显学科的独特性，还能够推动学科理论体系的完善和发展。

（3）加强学科间的合作与整合

现代学科的发展趋势是高度分化，但合作是应对这一趋势的有效策略。合作不局限于学科内部的团队协作，还应拓展到跨学科的合作交流。思政教育心理学作为一门交叉学科，内部成员之间的合作至关重要。随着从业人员的增多，研究团队之间的交流与合作必须进一步加强，才能最大限度地挖掘学科的整体优势。同时，学科间的合作同样不可忽视。尽管各学科在某些领域内有明显的分工和细化，但它们之间并非彼此孤立，而是相互渗透、相互影响。加强学科间的合作与交流，能够促进不同学科领域的交叉与融合，推动新的理论、方法和思路的诞生，进而为思政教育心理学学科带来新的研究突破。

4.完善学科管理制度

学科的建设是一个持续且复杂的过程，涉及人力、财力和物资的多方面投入。学科能够高效、稳定地发展，取得持久的成果，必须依赖于科学的管理制度。学科管理的有效性不仅关乎学科建设的速度和质量，还为学科的长期发展奠定坚实的基础。学科的管理体制涉及组织结构的构建，其中，正式组织和非正式组织两种形态的协同作用对学科的发展至关重要。

正式组织凭借明确的组织结构、规范的分工和严谨的工作态度，保障各项任务有序进行。而非正式组织则相对松散，由自发组成的个体构成，尽管其结构不固定，但成员之间通常具有更高的互动性与合作性。在轻松和谐的氛围中，非正式组织能提升工作效率，增强合作意识，使成员在没有严格约束的环境中发挥各自的优势，促进正式组织的良性运作。

思政教育心理学作为一门交叉学科，其学科构成呈现出一定的非正式特征。学科成员组成的群体在研究上虽然缺乏严格的组织架构，但通常拥有较为和谐的合作关系。在这种非正式组织中，成员在较为自由、民主的环境下开展学术对话和讨论，有助于创新思想的碰撞和学术成果的产出。然而，非正式组织的自由性和随机性也带来了管理挑战。学科发展需要组织制度作为支撑，这些制度不一定严格，但应具有一定的约束力，确保学科在自由探索与合作中保持发展方向的统一。隐性的制度，如学科带头人的指导作用、定期的学术会议、共同的研究目标等，能够促使学科成员在相互尊重和支持的氛围中进行深入的学术交流，确保研究的有序推进。

然而，缺乏健全完善的组织管理制度会影响学科的长远发展。例如，研究方向的过度分散可能导致资源浪费和研究的碎片化，而成员间缺乏合作与交流将妨碍学科的整体进步。同时，研究方向的过度统一也可能压制学科成员的创新性和个性发展，影响学科的多样性和创新潜力。因此，学科建设应平衡自由组织形式与制度化管理，以此指导学科的发展。

5. 建立质量评价机制

建立科学有效的质量评价机制是学科建设的重要保障。质量评价机制的构建不仅能确保学科的持续发展，还能为其提供了科学的管理框架。

首先，强化过程管理是评价机制的基础。明确学科建设的目标，建立完善的制度体系，包括经费管理、学科带头人遴选、评价方法及升级滚动机制，有助于确保学科建设的规范化和有序进行。

其次，完善激励措施对调动学科研究人员的积极性至关重要。建立强有力的竞争机制，结合学科建设质量评估标准，能够激发科研人员的科研动力，通过奖励优秀，树立典型，推动学科整体质量提升。

最后，构建科学、规范且操作性强的学科评估体系是质量评价机制的核心。评估体系应涵盖学术队伍建设、科研机构建设、课程设置、研究方向、人才培养等多个方面，全面评价学科的各项发展指标。在构建思政教育心理学的评估体系时，应结合学科具体发展阶段和特点，灵活选择标准进行阶段性评估。

（二）思政教育心理学学科建构的"硬件"

判断一门学科是否独立，需要考虑其硬件条件，如是否设有国家级学术研究委员会、是否拥有相关学术期刊、有无学位授予点以及高校是否开设相关课程等。近年来，思政教育心理学在学科建设方面已取得显著进展。该学科已经纳入高校课程体系，并成为思政教育专业或思政课程教学论专业的必修课程之一。作为思政教育学与心理学的交叉学科，思政教育心理学受到广泛关注，特别是在理论构建方面，取得了丰富的研究成果，论文和专著的数量不断增长。

然而，作为新兴学科，思政教育心理学仍面临许多发展瓶颈。尽管已有一定的理论研究成果和师资队伍，且部分高校已开设相关课程，招收学生以扩充研究团队，但对于具有长远发展潜力的学科而言，这些成果仍显不足。学科建设有待加强，尤其是在研究队伍专业化、课程体系系统化以及基础条件完善等方面，需持续改进和提升。

1. 形成专业的研究队伍

学科的长足发展离不开专业研究队伍的支撑。这支队伍是知识的探索者、传播者以及学术薪火的传承者。也就是说，一门学科需要持续不断地补充研究人员以探索新知，需要不断地补充训练有素的教师队伍来培育下一代接班人，需要学生源源不断地加入为这个研究团队注入新鲜血液。专业的研究队伍是学科发展的人力保障，而这支队伍的组建、发展状况，是衡量该学科学术发展水平的重要指标。

（1）培养学科的研究者和继承人

思政教育心理学学科体系建设是具有战略意义的学术工程，其可持续发展依赖于专业化研究梯队的系统化培养。研究者应具备全面的学术研究能力（涵盖课题甄选、概念界定、方法论创新及理论建模等方面），并持续产出具有学科建构价值的学术成果（包括实证发现、理论范式、方法工具等）。

学术共同体成员应形成学科使命为核心的价值共识，将理论创新视为终身追求。

实现思政教育心理学理论指导实践的战略目标，需要构建多层次人才培养体系：首先，在专业研究者层面，着重培养兼具思政教育学与心理学科研能力的复合型学者，形成学科建设的中坚力量；其次，在学科交叉维度，建立教育学、社会学、认知科学等多学科人才的协同创新机制，通过跨学科对话破解理论瓶颈；最后，在学术传承层面，建立老、中、青三代学者的知识传递系统，将实证经验与理论创新纳入人才培养标准。这种立体化的人才培养模式，既保障了学科研究的专业深度，又增强了理论创新的学术活力。

当前学科建设亟需构建可持续的学术创新生态：一方面完善学术激励机制，通过重大课题攻关、学术成果转化等途径保持研究活力；另一方面强化学术伦理建设，将马克思主义方法论指导与学术规范有机结合。唯有通过系统性的人才培养工程，才能确保学科理论始终与时俱进，在实践中持续指导思政教育工作的创新发展，最终形成具有中国特色的思政教育心理学学派。这要求学术共同体不仅着眼当下研究突破，更要建立代际传承机制，通过学术谱系构建和智库平台建设，持续推进思政教育心理学的学术传承工程。

（2）推动学术团队的专业化

推动学术团队的专业化是思政教育心理学发展的关键。该学科不仅致力于培养人们的科学世界观、人生观、价值观，还关乎坚定政治方向的树立和内在动力的激发，从而推动各项工作的有效开展。为此，构建结构合理、学术思维清晰且具有强大协同创新能力的学术团队尤为重要。该团队应包括合理的学历结构、职称结构、知识结构及年龄结构，特别注重高新技术人才的加入。在此过程中，凸显中青年人才的核心作用，合理配置教师资源，保障学科队伍的流动性和持续发展，是学科发展的重要基础。

（3）促进师资团队整体教育素养的提升，增强学科专业化技能

随着社会的发展和学科领域的深入拓展，该学科对教师队伍的需求日益增长。研究者不仅要关注思政教育心理学的历史发展，还需研究该学科面临的时代问题与挑战。为此，我们必须提升研究者的专业水平，并鼓励跨学科合作，吸引政治学、心理学、教育学等领域的专家学者共同参与学科建设。此外，培养具有专业素养的后备人才对提升整个团队的学术素质至关重要。这些措施有助于确保学术团队的整体教育素养得到有效提升，推动学科的专业化发展。

（4）加强学术交流

尽管我国的思政教育工作具有明显的国家特色，但心理学规律的运用具有国际普遍性。因此，吸收国际先进的研究成果并深化与发达国家的合作尤为重要。加强国际学术交流，不仅可以拓宽学科研究者的视野，还能提升学科在全球学术领域的影响力。在此基础上，建立多渠道、多层次、全方位的国际合作格局，应当成为思政教育心理学学科建设的重要组成部分。国际交流与合作可以有效提升学科研究的深度和广度，为学科发展提供广阔的空间。

此外，为提升学科的国际竞争力，应当加大该学科理念在全球的推广与应用力度。这不仅有助于增强学科在国际学术界的影响力，还能为学科的持续创新提供新的思路和方法。同时，加大资金投入，尤其是加强与国际学术交流基金会的合作，为学术交流提供有力的支持。此外，为青年学者创造更多的学术交流机会，鼓励他们参与国际交流，提升科研能力并丰富他们的实践经验，为学科的未来发展培养更多的优秀人才。

2. 构建系统的课程体系

课程体系是按照学生的学习心理和教师的教学要求，结合科学知识的内在逻辑，对各门教学科目进行的有机结合，是人才培养的核心内容。遵循教学逻辑及思政教育心理学的学科逻辑设计，并注重学科的整体性、系统性、动态性、发展性，形成一个整体，充分体现现代化人才培养的目标和素质能力结构的要求，构建完整的认知结构体系，是设计课程体系的关键所在。

（1）确定学科教学课程的本质性意义

明确学科教学课程的本质意义是思政教育心理学学科建设的关键环节。学科目标的设定是课程体系构建的基础，它决定了课程内容的选择、教学方法的运用以及评价机制的建立。思政教育心理学的培养目标体系应从多个维度出发，全面促进学生的成长与发展。

首先，培养目标应强调系统知识的传授，使学生全面理解思政教育心理学的基础知识、核心概念和基本理论，构建完整的知识体系。这不仅有助于学生全面掌握学科内容，也为其深入研究奠定基础。

其次，课程内容应重点关注思政心理学与思政意识、思政行为之间的内在联系。通过教学，帮助学生掌握思政心理学的基本规律，为其参与思政教育实践提供理论支撑和方法指导。

最后，培养学生的综合素质是教学目标的重要组成部分。思政教育心理学的教学不仅要提升学生发现、思考和分析问题的能力，还要注重创新能力的培养和批判性思维的激发。此外，培养学生在面对挑战和失败时的坚韧态度和持之以恒的精神，也是该学科培养目标的关键方面。

（2）加强课程资源的开发

课程资源的开发与利用是课程体系构建中的基础性工作，其核心目的是推动教学资源的研发，并最大程度地发挥教材、课外知识等资源的效用，从而提升师资团队对课程资源开发的认知与重视。课程资源开发应以有计划和有组织实施的显性课程资源为主要渠道，同时深入挖掘隐性课程资源，尤其是学生在日常学习和生活中潜移默化形成的政治观念、价值观念和意识形态等内容，这些隐性资源对课程体系的构建同样具有重要价值。

校本课程的开发应当紧密围绕学生的需求展开，旨在为学生的发展提供有效支持。在校本课程的设计与实施过程中，需充分考虑学生的实际情况和成长需求，确保课程资源的针对性与实效性。显性课程、隐性课程及校本课程在资源开发过程中应相互补充、协同配合，共同推动课程资源的开发与利用。

（3）优化课程结构

课程结构的优化是提升思政教育心理学教学质量的关键因素之一。有效的课程结构不仅依赖于课程资源和师资力量的合理配置，还需摒弃学科本位主义等传统观念，灵活结合学生的心理发展规律与阶段特征，最大限度激发学生的学习兴趣与参与热情。

首先，课程结构应当紧扣学生的心理发展需求与学习特点，设计适应学生成长过程的教学内容和形式。在课程设置上，应避免单一的知识传授模式，通过多样化的课程设计，提升课程的灵活性和可操作性。课程内容不仅要系统、科学地传授学科核心知识，还应注重实际应用能力的培养。例如，增加综合实践活动和实验课程，有助于学生在实际操作中理解理论与实践的结合，增强其对学科的兴趣和热情。此外，优化后的课程结构应注重培养学生的团队合作精神和社会交往能力。通过小组讨论、团队项目等形式，学生不仅能加深对知识的理解，还能提高沟通、协作和解决实际问题的能力，这对于实现思政教育心理学的教育目标至关重要。

（4）实行特色化课程教学

课程实施是将课程计划转化为教学实践的关键环节，其核心在于有效调动学生的学习主动性。在教学过程中，教师不仅应发挥引导和启发的作用，还应注重激发学生主动探究知识的兴趣，并引导他们在探究过程中体验知识的生成及与其他知识的相互联系。课程实施应着重提高学生的参与度，鼓励他们主动投入学习，从而扩展学习的深度和广度。

思政教育心理学课程的教学应当与现代信息技术和外语语言工具有效融合，以适应时代发展的需求。加强国际比较研究，可以推动课程的现代化与国际化进程，拓宽学生的视野，培养他们的创新精神与国际化思维。这种融合不仅有助于提升课程的教学质量，还能使学生在更广阔的学术背景下进行思考，进而培养他们的跨文化交流能力和批判性思维。

创新精神与实践能力已经成为学生素质结构中的重要组成部分。在思政教育心理学的课程实施过程中，应着重培养学生的创新能力和实践能力。每个教学环节都应体现生活性、发展性与现实性的特点，加强课程内容与学生实际生活的联系，以激发学生的学习积极性。此外，课程内容应不断更新，及时引入前沿的理论成果和实践经验，提升课程的现代化水平，使课程内容更具时代感。

（5）发展性课程评价

课程评价的核心目的是促进教学和学习的持续发展，需从教师和学生两个维度进行系统的调整与优化。对于教师而言，评价过程不仅应关注外部反馈，还应强调教师的自我评价。这一自我评价机制能够促使教师认识自身教学中的不足，从而不断改进教学方法，提高专业能力。教师自评与外部评价的结合，有助于形成全面、深入的教学反思，推动教师的教学实践与理论不断更新。同时，课程评价应当更加注重学生的综合能力培养与激发。传统评价体系往往偏重知识的掌握程度，忽视学生批判性思维、创造力和解决问题能力发展。因此，课程评价应以学生的全面发展为导向，关注学生在学习过程中的成长，促进学生思维能力、创新能力和实践能力的提升。

课程评价的目的不仅是对教学成果的验证，更是为了发现问题并进行有效改进。通过动态的评价机制，可以实现课程体系的不断优化和更新，确保教学目标与学生需求的契合。因此，课程评价的改革不仅是对当前教学的评估，更是对未来教学的推动，有助于培养具有综合素质的学生，最终实现教学质量和效果的持续提升。

3. 加强基本条件建设

学科的基本条件建设包括实验室、文献资料、信息网络等硬件条件的建设，以及学科建设管理、学术氛围等软件条件。思政教育心理学作为一门新兴学科，其发展面临一系列挑战。当前，该学科缺乏以其名称命名的职业培训项目、学术期刊及学术组织等基础设施，制约了其学科建设和发展。为了确保该学科能够取得实质性进展，必须从完善基础设施建设入手，提升学科的硬件与软件条件。

在现有条件下，思政教育心理学学科在办公场所、信息媒体、图书资料等方面的资源较为匮乏，心理学实验室等配套设施的建设亟待加强。为了推动学科的健康发展，必须采取有力措施，补齐这些基础性设施短板，为学科的研究和教学提供坚实的支持。加强基础设施建设不仅是保障学科发展的前提，还能为学科的科学化、规范化发展提供必要的物质基础。

此外，学科的可持续发展离不开政策支持和经费资助。为促进思政教育心理学学科的学术化进程，必须推动创办相关学术期刊，建立学术研究平台，如思政教育心理学研究会等学术组织，促进学科的学术交流与合作。这些措施能够为学科的建设提供学术支持和资源共享平台，推动学科理论的发展与传播。政策扶持和经费资助是学科发展的必要条件，也是学科稳步推进的保障。没有充足的资金支持，学科建设往往难以维持，甚至面临衰退的风险。

学科建设的每个环节都需要资金的支持，这一点在思政教育心理学的建设过程中尤为突出。学科的各项活动，包括研究、教学以及学术交流等，都依赖于相应的财力保障。然而，在寻求资助的过程中也存在一定的挑战，尤其是在学术自由和资金支持之间往往难以找到平衡。过度依赖资助方可能会削弱学者的独立性与学术自由，导致学术研究的被动性。因此，在寻求资助支持时，学术界应保持独立性，避免过度依赖资金来源，确保学科的健康发展。

二、思政教育心理学学科体系的构建策略

（一）确立学科研究对象

思政教育心理学的研究对象源于对思政教育领域特有矛盾的分析，这些矛盾构成了学科研究的核心内容。该学科以解决特定的心理矛盾为目标，因此，理解并研究这些矛盾对学科的形成和发展具有重要意义。思政教育心理学的研究对象正是围绕这一特殊的心理矛盾展开。具体而言，这一矛盾主要表现为社会或阶级对个体思想品德的要求与个体实际思想品德水平之间的差距。这是思政教育的根本问题，也决定了思政教育的内在动机和实践路径。

思政教育心理学关注如何通过教育过程引导受教育者从心理和思想层面逐步达到社会或阶级的思想品德要求。因此，探究人的思想品德形成和发展的规律成为该学科的基础任务。人的思想品德并非一成不变，而是随着内外部因素的相互作用而动态变化的。外部条件如社会环境、文化背景、教育内容等，对个体的思想品德形成具有深远影响，而个体的生理和心理状况也是不可忽视的制约因素。

基于此，思政教育心理学的核心矛盾可以归结为教育者施教系统与受教育者接受心理之间的矛盾。教育者通过施教传递社会或阶级所期望的思想品德要求，而受教育者的接受心理和发展规律则决定了教育效果的最终实现。因此，思政教育心理学的研究不仅涉及理论探讨，更关乎如何从心理学角度有效设计和实施教育策略，使受教育者能够在心理和思想发展过程中逐步接受和内化社会期望的思想品德要求。

进一步明确思政教育心理学的研究对象，可以将其具体化为两个层面：一是受教育者的心理活动规律，涉及个体如何在思政教育过程中接受和转化教育内容；二是教育者如何依据这些心理规律进行有效的思政教育。两者相互联系，构成了思政教育心理学的研究框架。具体而言，研究对象不仅包括受教育者在思政教育过程中的心理变化、思想认知及行为反应规律，还包括如何根据这些规律设计教育策略和教学方法以实现教育目标。

（二）建构学科理论体系

学科理论体系又称为学科理论框架，是指一门学科基础理论的内部构成，由一系列概念、范畴、术语和规律按一定逻辑关系联结而成。它从总体上反映了思政教育心理学这门学科的发展水平、理论成熟程度和学科研究重点。

1. 学科理论框架评析

构建思政教育心理学的学科理论体系，首先需要对学科的基础、研究领域和概念结构等问题进行清晰的定位。随后，将学科的核心概念、范畴、术语和规律按照逻辑关系进行有序联结，逐步形成学科的理论框架。目前主要有以下三种理论框架。

第一，以心理学框架为基础构建思政教育心理学的学科理论体系。这一框架从人的心理现象出发，分析思政教育过程中涉及的各种心理因素如心理过程、情感心理、意志心理，以及个性心理、群体心理和交往心理等。然而，这种理论体系过于依赖心理学理论，缺乏足够的独立性，难以形成自主的学科框架。

第二，以思政教育学为主导，结合心理学理论构建思政教育心理学的理论体系。这一框架尝试结合两学科的优势，既承认思政教育学的主体性，又汲取心理学的相关理论。但两学科之间的逻辑关系尚不明确，导致其内部理论内容缺乏清晰的结构和连贯性，影响了理论体系的整体性与深度。

第三，立足于思政教育本体，从思政教育的实际出发构建思政教育心理学的理论框架。该框架合理契合了思政教育的实践需求，但仅聚焦于心理现象和心理过程的分析，未能充分涉及心理规律及其在教育中的应用。实际上，思政教育心理学的研究对象不仅包括心理现象和心理过程，还应涉及心理规律及依据这些规律开展思政教育的具体方法。因此，尽管这一框架在某些方面切合学科发展需求，但在理论深度和应用范围上仍有待拓展。

2. 学科理论体系构建模式

学科理论框架的建设是学科自我丰富、发展和完善的关键环节。在学科整体框架的基础上拓展并完成学科理论构建，对推动学科的健康、快速发展至关重要。作为新兴学科，思政教育心理学的学科理论体系尚未形成完整系统，然而，心理学、教育学和政治学三大领域的相关研究和思考为其提供了有益借鉴。这些学科在长期的理论建设过程中积累了不少经验和方法，通过对这三者的联系和比较，可以揭示出它们的共通之处及独特特点，为思政教育心理学的理论框架构建提供参考和启示。在现有的学科建设模式中，问题型构建模式和水平式构建模式是两种值得探讨的可行路径。

（1）问题型构建模式

在心理学、教育学和政治学等学科的长期发展过程中，学者们提出并逐渐完善了一种通用的学科建设模式——问题型建构模式。这一模式在各学科发展的早期阶段得到了广泛应用，对学科框架的构建发挥了重要作用。心理学、教育学和政治学等学科的建设实践表明，问题型建构模式是有效推动学科理论体系初步构建的重要途径。

问题型构建模式以解决实际问题为出发点，围绕学科内的典型问题进行深入分析和研究，进而逐步搭建起学科的理论体系。在这一模式下，学科的理论体系往往从对常见或典型问题的剖析开始构建，问题与问题之间虽然存在一定的逻辑联系，但初期构建的理论体系常常显得松散且结构不够紧密。在学科发展的早期阶段，学者们通常聚焦于某些核心问题，通过对这些问题的研究来揭示学科的基本特征与内在联系。例如，心理学早期研究常集中于对青少年行为有显著影响的心理问题展开，如挫折心理、逆反心理、嫉妒心理等。教育学初期则围绕着教育管理、课程设置、师资培养等核心问题展开探讨。政治学的早期建设也是如此，主要集中于政治制度、国家主权、政治行为等关键领域。

问题型构建模式之所以具有广泛适用性，是因为它能够帮助学科建设者有效地识别和解决学科领域内的重要问题，为学科的深化与扩展奠定基础。在学科理论体系的初期构建阶段，这一模式为学科框架的形成提供了重要的理论支持，尤其是在学科理论尚未成熟时，这一模式能够为学科提供初步的理论结构，并逐步推动学科的完善。

对于思政教育心理学而言，问题型构建模式同样具有重要的借鉴意义。在学科初建阶段，可以围绕思政教育过程中涉及的核心心理现象展开理论研究。这些核心问题包括思想、思政品德、心理与意识、精神结构等基本概念，以及心理、思想与行为的关系，思政品德的心理结构、需求心理、态度心理、角色心理、群体心理、交往心理、接受心理、逆反心理、网络心理等。这些问题涉及思政教育过程中的方方面面，探讨这些问题有助于揭示思政教育心理学的基本规律，并为构建学科的理论体系提供坚实的基础。

（2）水平式构建模式

在心理学、教育学和政治学等学科的体系构建过程中，除了共性模式外，各学科根据其特有的研究对象和学科特点，逐渐形成了具有个性化的学科体系构建模式。其中，心理学的水平式构建模式尤为独特，成为其学科体系建设的重要形式。这种模式通过从多个层次分析不同研究对象，展现出心理学的全方位视角，对思政教育心理学的学科框架构建提供了有益参考。

水平式构建模式，或称为水平研究框架，强调在学科理论构建过程中，不同研究层次的相互关联与综合分析。以教育社会心理学为例，该学科通过将研究维度和层次分为个体、群体、学校、社会四个不同水平进行研究，为学科提供了系统的理论框架。此模式的关键在于通过对不同层次、不同维度的深入探讨，形成一个既相对独立又相互交织的学科体系。国内外学者普遍认可这一模式，尽管在具体研究层次的划分上存在一定的差异。例如，国内学者时蓉华提出的四水平研究框架，具体包括个体水平、群体水平、学校水平和社会水平四个分析维度。根据这一模式，思政教育心理学的学科框架同样可以从四个水平展开构建。

第一，个体水平的分析主要聚焦于思政教育过程中的教育者和教育对象的心理过程及个性心理。对于教育者的心理研究，应当包括明确思政教育者的心理素质及其作用、目标，同时还需探讨教育者心理素质的培养途径和方法。对于思政教育对象的心理研究，则应关注个体思政品德形成与发展的心理规律，分析个体心理差异对思政教育效果的影响，以及个体心理与思政教育心理疏导之间的关系。

第二，群体水平的分析将思政教育置于群体互动的情境中进行考察。这一层次的研究关注思政教育中群体心理的特征与规律，探索大群体在宏观环境中的心理作用以及小群体在思政教育微观环境中的心理机制。对群体心理的分析，能够进一步理解群体因素在思政教育中的影响，并为教育者提供有效的群体管理与教育策略。

第三，学校水平的研究从学校教育的视角出发，具体分析思政教育的心理学原则、方法和运作机制。学校作为思政教育的主要场所，其心理机制和效应对教育效果具有直接影响。因此，研究思政教育过程中的心理效应、心理误区以及心理阻抗等问题，能够为思政教育的实践提供有价值的指导。此外，基于这些研究成果，学校还可以对思政教育的接受效果进行反馈与评估，从而进一步优化教育策略与方法。

第四，社会水平的研究聚焦于思政教育所依赖的社会心理氛围。这一层次的分析包括社会整体的心理氛围、组织内部的心理氛围、群体的心理氛围以及人与人之间的心理氛围等。这些心理氛围不仅影响着个体和群体对思政教育的接受效果，还影响整个社会对思政教育的态度和认同度。因此，理解社会心理氛围对思政教育的作用，有助于在社会层面推动思政教育的有效实施。

（三）构建学科教学体系

学科的教学体系包括教学大纲、教材、教学计划和授课内容体系等多个关键组成部分。教学大纲作为教学的指导性文件，通常以纲要的形式对课程的目标、任务、知识与技能范围、教学方法以及教学进度等进行明确规定。教材则是为教学提供具体内容的载体，通常指教科书，是学生学习的主要材料。教学计划是对教师在课堂上进行的教学活动的规划，具体包括学时分配和内容安排。授课内容体系是在教学过程中，师生之间的互动所传递的具体知识信息。

教学大纲、教材和教学计划相互联系，共同构成了教学的基本框架。一个学科的成熟标志之一，是其能够作为一门大学课程进入课堂教学。在这种情况下，学校和教师需协同制定教学大纲，安排教学计划，并选定教材，以确保学科的核心内容能够有效传递给学生。在教学过程中，授课内容体系是教学的核心环节，它决定了教学的实施效果和知识的传递方式。

针对思政教育心理学在大学的教学情况，其授课内容体系一般包括以下几个方面。第一，绪论。这部分主要介绍学科的研究对象、基本范畴、研究内容、学科的意义及学习方法，帮助学生形成对学科的整体认知。第二，学科发展史。这部分回顾思政教育心理学的发展历程，探讨学科的起源、现状及未来发展趋势。第三，学科基本理论及理论基础。这部分涵盖一系列心理学基础理论，如需求理论、情感理论、意志理论、认知理论、态度理论、挫折理论等，帮助学生理解学科的理论框架。第四，思政教育对象的心理过程与发展规律。这部分包括对个体在思政教育中的心理过程及其发展规律的研究。第五，教育者的心理品质及心理素质。这部分强调教育者在思政教育过程中所需的心理素质及其发展。第六，思政教育中的心理现象。这部分探究逆反心理、挫折心理、嫉妒心理、虚荣心理、攀比心理及表扬与批评心理等心理现象，帮助教师了解和应对学生在教育过程中可能表现出的心理特点。第七，思政教育的心理环境和心理氛围。这部分探讨思政教育过程中不同环境对学生心理的影响。第八，思政教育中的心理规律、心理原则、心理效应、心理误区、心理阻抗和心理评价等系统化地介绍思政教育中心理活动的规律和效果，为教育实践提供理论支持。

第三章　思政教育心理环境与接受心理机制

思政教育的有效性不仅取决于教育内容的科学性和实践方式的合理性，还深受学生心理环境和接受心理机制的影响。良好的心理环境能够增强思政教育的渗透力，使其更容易被学生理解、接受并内化。本章将探讨思政教育心理环境的特点与构成，以及思政教育接受心理机制的概念、类型、主要内容与实现对策，旨在为提升思政教育的实效性提供理论支持和实践指导。

第一节　思政教育心理环境的特点与构成

大学生思政教育心理环境概念的提出，丰富了思政教育研究的理论体系，拓展了思政教育的研究视野，顺应了思政教育学科的交叉融合趋势。深入理解大学生思政教育心理环境的内涵，对于深化理论研究、优化思政教育实践具有重要意义。

大学生思政教育心理环境，是指在思政教育过程中，对大学生思想观念、道德品质及价值取向产生影响的心理场域。从本质上看，它是外部教育因素在大学生心理结构中的反映与重构过程，不仅是思政教育外部环境的主观映射，也是大学生主体对其所处思政教育环境的内在加工与重塑。尽管其表现形式具有较强的主观性、隐蔽性与观念性，但最终受到学校内部环境及社会外部环境的客观制约。因此，大学生思政教育心理环境是客观与主观的辩证统一体，既受客观环境的制约，又通过大学生的心理活动得以体现。

一、思政教育心理环境的特点

大学生思政教育心理环境相较于其他环境，具有独特的本质特征和丰富的内涵。这些特点在思政教育实践中发挥着重要作用，深刻影响着大学生的思想观念、道德情操和行为方式。

（一）潜在性

大学生思政教育心理环境的潜在性主要体现在其作用方式上。它通常不以直接、显性的方式影响大学生，而是在潜意识层面发挥作用，潜移默化地引导和塑造他们的思想和行为。这种环境并非以直接灌输式的方式向大学生传递思政观念，而是借助校园文化、社会氛围、教师言行、同伴影响等因素，以隐性的方式对大学生产生影响。正是由于其潜在性，使得思政教育能够在润物细无声的过程中发挥作用，增强大学生的思政认同感，并最终内化为他们自身的思想观念和行为准则。

从实践的角度来看，大学生思政教育心理环境的潜在性有助于避免学生对思政教育产生抵触情绪，使思政教育的影响更为深远。在高校思政教育中，直接的灌输式教育容易引发部分学生的逆反心理，而心理环境的潜在性则可以在无形中塑造他们的道德品质。例如，学校可以通过营造良好的校园文化氛围，构建积极向上的舆论导向，使大学生在日常的学习和生活中自然而然地受到影响，从而自发地接受并认同社会价值观念。此外，心理环境的潜在性还能够有效提升思政教育的渗透性，使思政教育工作不局限于课堂，还扩展到大学生的日常生活中，使思政教育的内容更加深入人心。

大学生思政教育心理环境的潜在性不仅体现在教育方式上，还体现其能够构建一个良好的外部支持系统，为思政教育工作提供隐性支撑。在思政教育实践中，高校可以充分利用这种特性，优化大学生的成长环境。例如，加强校园文化建设、打造高质量的网络思政教育平台、引导大学生参与社会实践活动等，以潜移默化的方式影响大学生的思想道德品质，使他们自觉接受并践行社会主义核心价值观。

（二）有序性

大学生思政教育心理环境的有序性主要体现在时间和空间维度上，展现出一种动态的发展规律和清晰的结构层次。

从时间的维度来看，大学生思政教育心理环境并非静止不变，而是处于一个不断变化和发展的过程中。这种变化与大学生思想品德的成长规律相契合，能够适应他们心理需求的演变。大学生正处于价值观塑造和品德培养的关键时期，其思政教育心理环境会随着认知水平的提高和社会经验的积累而不断调整和完善。这种变化并非无序，而是遵循一定的逻辑规律，前后更替，确保思政教育的连续性和有效性。例如，大学生在不同年级、不同学习阶段的思想认知会有所不同，大一新生刚进入大学，可能对社会、国家的认知较为浅显，而随着学习的深入和社会实践的增多，他们的思想水平和价值观念会逐渐成熟，思政教育的内容和方式也需要随之调整，以适应他们的成长需求。

从空间的维度来看，大学生思政教育心理环境由多个相对独立的环境要素构成，并形成若干子系统，这些子系统共同组成了一个完整的思政教育心理环境系统。例如，家庭、学校、社会舆论、网络环境等都是影响大学生思政教育的关键因素，它们在各自的领域内发挥独特的作用，同时彼此相互联系、相互影响，构成一个有机的整体。各子系统之间存在一定的层次和结构，不同层级的环境要素在大学生思政教育过程中各尽其责，共同影响大学生的思想观念和心理发展。例如，学校的课堂教育提供系统化的理论指导，校园文化活动增强实践体验，社会舆论和网络信息则影响大学生的思想倾向和价值判断。尽管这些环境因素各有侧重，但它们在整体上并非杂乱无章，而是按照一定的秩序和逻辑相互作用，确保思政教育的有效性和针对性。

此外，大学生思想活跃，接受新事物的能力强，他们在成长过程中会受到多方面环境的影响，思想道德品质也会随之发展。这种发展并不是无序的，而是具有一定的规律性。大学生的思维方式、价值观念和道德判断往往受到外部环境的塑造，而这种塑造是一个渐进的、符合心理发展规律的过程。例如，随着社会热点事件的发生，大学生可能会对社会现象产生新认识，进而调整自己的思想观念，但这一调整并非盲目，而是在已有的认知基础上进行的理性判断。思政教育在这一过程中起着关键作用，它引导大学生正确分析社会现象，理性看待不同观点，使他们的思想发展更加科学、有序。

（三）持久性

大学生思政教育心理环境一旦形成，便会对个体的思想观念、价值取向及行为方式产生较为稳定且持久的影响，这种持久性体现在多个方面。

大学生在特定的思政教育心理环境中长期接受熏陶，会逐渐形成较为固定的思维模式。当他们面对与该环境相关的社会现象或现实问题时，往往会依据已有的认知框架进行判断和决策。这种思维模式的形成并非一朝一夕，而是在持续的思想熏陶与实践体验中逐渐积累，并在潜移默化中得到强化，从而表现出较强的稳定性。

持久性还体现在大学生个体行为与所处思政教育心理环境之间的深度融合。在特定的心理环境影响下，个体的思想意识、道德观念乃至日常行为模式会与环境因素产生紧密的互动。久而久之，这种互动会内化为个体的一种习惯性思维方式，使其在面对相似情境时，能自然而然地做出符合该环境影响的行为反应。例如，在强调集体主义精神的思政教育环境中成长的大学生，往往会在社会实践活动中更主动地承担责任，表现出较强的团队协作意识。

持久性与思政教育心理环境的潜意识作用密切相关。许多思想观念的植入与巩固，并非通过外显的说教或直接灌输实现，而是在个体长期接受特定环境刺激的过程中，以潜移默化的方式逐步塑造。例如，当大学生长期处于弘扬社会主义核心价值观的校园文化氛围中，虽然他们未必时刻有意识地思考相关理念，但其思想意识仍然会在不知不觉中受到熏陶和塑造，并在今后的学习、工作和社会交往中自然体现。

（四）可控性

人的行为受环境的影响和制约，同时人的活动也会对环境产生反作用，从而对环境施加一定的影响。这表明环境在一定条件下是可以被调整和控制的。可控性正是从人的活动对环境产生反作用的角度来理解的。在众多环境类型中，大学生思政教育心理环境作为一种主观环境，其可控性尤为突出。这是因为大学生思政教育心理环境不像自然环境或社会客观环境那样不受人的意志左右，而是依赖于大学生个体对外部环境要素的认知、整合和内化过程。因此，大学生在接受思政教育的过程中，不仅是被动的接受者，也是主动的参与者和塑造者。

大学生思政教育心理环境的可控性还体现在教师的引导作用上。通过合理的教育手段和方法，教师可以帮助大学生更好地理解和内化思政教育的内容，使他们在思想认识、价值观塑造和行为选择上更加符合社会主义核心价值观的要求。具体而言，教师可以利用课堂教学、校园文化建设、社会实践活动等多种方式，对大学生的思政心理环境进行干预，以增强积极因素的影响，同时减弱消极因素的干扰。例如，构建良好的校园文化氛围，营造积极向上的思政教育环境，能够在潜移默化中影响大学生的心理认知，使他们在良性环境的熏陶下形成正确的价值判断。此外，大学生思政教育心理环境的可控性还体现在个体主观能动性的发挥上。每一位大学生在接受外部环境影响的同时，也在主动筛选、吸收和调整自己的认知方式和心理结构。他们可以通过自主学习、社会交往、参与校园活动等方式优化自身的思政心理环境，使其更加符合个人成长和社会发展的需求。

二、思政教育心理环境的构成

大学生思政教育心理环境是由大学生的认知模式、情感状态、意志品质以及个性倾向共同构成的，四者相互作用、缺一不可。因此，大学生思政教育心理环境可细分为认知环境、情感环境、意志环境和个性环境四个部分。

（一）思政教育认知环境

认知是人类个体对客观世界的认识过程，是心理活动的基础环节。从心理学的角度来看，认知包括感觉、知觉、注意、记忆、表象、想象、思维等多个方面，这些过程协同作用，使个体能够接收、存储、处理和传递信息。因此，认知过程本质上是一个信息加工和整合的过程，人类通过这一过程形成对世界的认知，并影响后续的心理和行为发展。

思政教育本身是一个交互式的认知过程，它不仅是大学生接受教育的过程，也是教师不断深化自身认识、实现知识再学习的过程。对于大学生而言，思政教育的认知过程不仅涉及对思政理论的理解，还涉及如何将理论与实践相结合，形成正确的价值观和人生观。认知是大学生心理活动的重要组成部分，也是情感、意志等其他心理因素产生的前提。因此，大学生思政教育认知环境在思政教育心理环境的构建中占据核心地位。

在思政教育活动中，大学生的认知环境并非被动接收的信息集合，而是一个动态的、主观参与的过程。大学生会依据自身的生活经验、文化背景、价值取向等因素对思政教育内容进行感知，并在此基础上形成对教育过程的假设。这种主观假设不仅影响其对教育内容的理解，也在很大程度上决定了教育的最终效果。因此，大学生思政教育认知环境是一个综合性的概念，包含了所有影响大学生对思政教育内容进行认知的因素。

构建良好的大学生思政教育认知环境，需要充分考虑大学生的知识基础、思维方式、认知特点以及社会文化背景，确保思政教育不仅能够有效传递知识，更能够引导大学生在认知的基础上形成正确的价值判断和行为选择。

（二）思政教育情感环境

思政教育情感环境是情绪与情感交织而成的综合心理表现。情绪与情感不仅是人类认识世界的催化剂，也可能成为认知过程的阻碍因素。作为心理活动的重要组成部分，情绪情感直接影响个体对客观事物的态度体验和反应倾向。

在认识与实践活动中，大学生的情绪与情感会随着他们对思政教育内容的理解和体验而不断变化。不同客观事物的特征以及这些事物与个体需求之间的关系，会引发不同的心理感受和体验。当这些体验在个体的内心逐渐稳定并与其整体心理状态相契合时，便形成了具有深远影响力的情感心理环境。这种环境在思政教育过程中发挥着重要作用，不仅影响大学生对教育内容的认同程度，还决定了他们在学习思政理论时的心理接受度和情绪反应。

良好的思政教育情感环境有助于提高大学生的学习兴趣和积极性，使他们在接受教育过程中产生积极的情绪体验，如愉悦感、认同感和满足感。这些积极情感能够加深大学生对思政理论的理解，提高他们的接受度，并最终促进思政教育的有效实施。相反，如果教育过程缺乏情感共鸣或教育方式未能充分考虑大学生的心理需求和情感体验，那么他们可能会产生抵触心理，导致教育效果大打折扣。因此，在思政教育的实施过程中，应重视营造良好的情感环境，使大学生能够在轻松愉悦的氛围中理解、接受并内化思政教育的内容。

（三）思政教育意志环境

意志是个体在自觉确定目标的基础上，通过支配和调节自身行为、克服困难，最终实现预定目标的心理过程。它体现了人的意识能动性，是人类独有的一种心理活动。在实际表现中，意志主要具有自觉性、坚韧性和自制性三个特征。自觉性是指个体的行动具有明确的目标，并能充分认识行动结果的意义，使个人行动自觉地服从于社会和集体的需要，从而坚定自身意志。坚韧性指个体在意志行动中表现出坚定不移的态度，能够凭借顽强的毅力和不屈不挠的精神克服一切困难，实现既定目标。自制性体现在个体能够合理控制自己的情绪，约束言行，避免冲动，主动执行决策，并克服可能出现的不利因素和消极情绪。

意志环境是个体在追求目标的过程中，通过自觉调节行为、克服困难，实现目标的心理氛围。这一环境对个体行为具有深远影响，尤其在大学生思政教育中，其作用尤为突出。在思政教育的背景下，意志环境主要指影响大学生能否自觉遵循教育目标、积极克服困难、实现思政教育目的的各种因素。良好的思政教育意志环境能够在一定程度上激励大学生积极调整自身行为，使他们在教育过程中形成明确的目标意识和较强的行动力。同时，良好的意志环境还能够引导大学生主动适应社会规范，形成高度的自律意识，使他们在复杂的社会环境中理性思考、合理规划发展路径，并勇于实践。

思政教育意志环境对大学生个体意志品质的培养起到重要的作用。在优质的意志环境中，大学生能够自觉地增强自律性，努力培养坚定的信念和强烈的责任感，使他们在面对学习、生活和社会实践中的各种困难和挑战时，能够保持稳定的心态和坚定的行动力。这不仅有助于他们更好地适应大学生活，还能为未来的职业发展和社会融入奠定坚实的基础。相反，不良的思政教育意志环境可能对大学生产生负面影响，使他们意志力薄弱，缺乏明确的目标和动力，在行动上容易受外界因素干扰，缺乏持之以恒的精神。在这样的环境中，大学生可能出现精神不集中、拖延懈怠、缺乏主见等问题，进而影响思政教育目标的实现，甚至阻碍其未来的发展。

因此，在大学生思政教育中，优化意志环境具有重要的现实意义。学校和社会需要共同努力，为大学生营造积极、健康的思政教育意志环境，增强他们的目标意识，提升他们的坚韧品质和自律能力。通过建立科学合理的激励机制、提供有效的心理支持、加强教育引导等措施，能够帮助大学生更好地适应思政教育的要求，在实践中磨炼意志品质，最终实现个人发展与社会需求的有机统一。

（四）思政教育个性环境

个性环境是大学生思政教育心理环境的重要组成部分，它决定了个体在思政教育过程中对教育内容的接受程度、理解深度以及参与积极性。个性，作为个体区别于他人的独特本质，是个人在长期成长过程中形成的稳定且具有经常性的心理特征。这些特征不仅受外界环境的影响，也受个体自身的主观调节和社会实践的塑造。

在大学生的思政教育过程中，个性环境的形成并非仅仅依赖于外部因素，更需要个体在具体的社会实践中积极参与、自主调整，从而逐步发展出独特的心理特征。这意味着，在进行思政教育时，不能仅仅依靠环境的单一影响，而应充分利用各种社会实践活动，通过引导和激励，让大学生在实践中塑造和完善自身的个性环境。例如，通过组织志愿服务、社会调研、红色旅游等活动，让大学生在具体情境中深化对社会、国家、个人责任等议题的认知，进而促进思政观念的主动构建。

大学生的思政教育个性环境是建立在认知、情感、意志等心理过程基础之上的，具体而言，它包括大学生的性格特征、成长经历、家庭背景、文化素养等多方面的因素。这些因素共同决定了大学生在思政教育中的学习方式、接受程度和行为表现。例如，性格外向的大学生可能更倾向于通过群体讨论、辩论赛等形式参与思政学习；性格内向的大学生则可能更偏爱阅读经典著作、撰写学习心得。因此，思政教师应当充分认识个性环境的多样性，并采取因材施教的教学策略。例如，对于逻辑思维能力较强的学生，可以通过案例分析、理论推导等方式提高其思考能力；对于情感体验丰富的学生，则可以通过影视作品赏析、故事讲解等方式增强其情感认同。

　　此外，个性环境的塑造也受到家庭背景和成长经历的影响。不同家庭环境下成长的大学生，在价值观念、思维方式和社会认知上存在一定的差异。例如，来自农村家庭的大学生可能更关注社会公平和发展机遇，而来自城市家庭的大学生可能更注重个人成长与职业规划。因此，在思政教育过程中，教师需要结合学生的具体情况，因材施教，采取符合其心理特点的教育方法。例如，运用案例教学，引导学生在对比中洞察不同的社会现象，培养其全面思考问题的能力。

　　在影响高校大学生思政教育效果的诸多因素中，心理环境因素对思政教育的成效起着十分重要的作用，因此，思政教育必须重视心理环境的优化，从大学生和思政教育工作者两个角度出发，探寻合适的优化途径，创造良好的心理环境。①

第二节　思政教育接受心理机制的概念与类型

一、思政教育接受心理机制的概念

　　大学生思政教育接受心理机制是指在思政教育过程中，大学生心理结构的各组成部分相互作用，并与教师、教育内容、教育方式方法及教育环境等要素之间形成联动，共同影响思政教育的接受与内化过程的作用方式。这一

---

　　① 陈超. 论大学生思政教育的心理环境及优化 [J]. 长春工业大学学报（高教研究版），2012,33（3）：131-132.

机制不仅体现了心理学基本理论对个体心理活动的解读，也反映了思政教育接受的系统性、互动性及动态发展特征。

首先，思政教育接受心理机制涵盖大学生个体心理结构的所有要素。根据心理学理论，个体心理结构由心理过程、个性心理和心理状态三部分构成。其中，心理过程包括认知过程（如感觉、知觉、记忆、想象、思维等）、情感过程（如喜、怒、哀、乐等情感体验）及意志过程（如目标设定、克服困难等）；个性心理涵盖个性倾向（如兴趣、态度、信仰等）及个性心理特征（如性格、气质等）；心理状态则指个体在特定情境下的心理表现，如兴奋或沉静、紧张或放松等。这些心理要素共同作用，影响着大学生对思政教育内容的接受、理解及态度构建。

其次，大学生思政教育接受心理机制体现为一个多要素交互的系统。在接受过程中，大学生的个体心理因素并非孤立运行，而是与教师的教育策略、思政教育内容的科学性、教育方式方法的适切性及教育环境的影响力等因素有机联系。这种多要素交互的系统性，确保了思政教育能够在大学生心理层面产生认知、情感及行为的全面影响，从而推动教育目标的达成。

最后，大学生思政教育接受心理机制是一个具有规律性、动态发展的过程。作为思政教育接受心理活动的客观反映，该机制并非静态，而是随着大学生心理状态的变化、教育内容的更新、社会环境的演变等因素而不断调整和完善。其规律性主要体现在心理接受的阶段性、教育内容的适应性及教育方法的针对性；其动态性则表现为大学生思想认知结构的不断塑造与重构，以及思政教育模式的不断完善。因此，该机制不仅是大学生个体心理发展的一部分，也承载着思政教育在时代背景下创新发展、持续优化的使命。

二、思政教育接受心理机制的类型

心理机制是一个由多因素、多层次、多变量相互作用而形成的动态系统。大学生思政教育接受的心理机制可以划分成不同的类型。

（一）思政教育接受的宏观心理机制

宏观心理机制指的是在大学生思政教育接受活动中，整体心理系统的运作机理与方式。宏观心理机制涉及的因素包括社会文化环境、教育政策、社会舆论等，这些外部因素通过多层次、多维度的方式对大学生思政教育的接受产生影响。宏观心理机制内，各个部分相互联系、相互影响，社会环境、教育制度与个人发展之间存在着复杂的互动关系。这种机制不仅决定了教育接受的广度和所处的社会背景，还影响着大学生思想观念的整体变化。思政教育的宏观心理机制强调的是对群体性心理的引导和整合，其核心在于通过群体认同和集体行为的塑造，来促进思政教育目标的实现。

（二）思政教育接受的中观心理机制

中观心理机制是指在大学生思政教育接受过程中，个体的心理特征和倾向影响其对思政教育的接受。与宏观心理机制的广泛性不同，中观心理机制更注重个体心理因素的作用，尤其是大学生的个性心理，包括动机、兴趣、信仰、理想、世界观等。这些个体的心理倾向在思政教育中起到关键作用，表现在不同学生对教育内容的理解、接受与反应上存在显著差异。例如，不同的信念体系和价值观可能导致大学生对思政教育的态度产生差异，进而影响其对教育内容的内化和认同程度。中观心理机制强调的是在思政教育中对个体差异的认知与调适，如何通过有针对性的教育策略，激发学生的内在动机，提高他们接受思政教育的积极性与主动性。

（三）思政教育接受的微观心理机制

微观心理机制侧重于探究大学生在思政教育接受过程中即时的心理状态和反应机理。它主要关注个体在思政教育活动中所处的具体情境下的心理变化和认知反应。这一机制强调在特定情境下，大学生的情感状态、心理感受、认知偏好等对教育内容的即时反应。微观心理机制不仅涉及学生在课堂内外的情感波动、认知偏差，还包括他们在不同情境下对教育内容的即时理解与反馈。例如，在特定的学习环境中，大学生可能会因情感共鸣、认知冲突或外部刺激而产生不同的思政教育接受状态。微观心理机制的研究有助于我们深入了解学生在教育过程中所经历的具体心理体验，为制定更具针对性的教育方法提供依据。

第三节 思政教育接受心理机制的主要内容

一、思政教育接受心理的动力机制

在大学生思政教育的接受过程中，大学生是接受主体，教师是教育的引导者。大学生思政教育的接受心理机制涉及复杂的生理和心理活动，这一机制驱动大学生有意识地选择并专注于教育内容。教师的教学设计、方法和内容，特别是如何激发学生的注意力和情感，直接影响学生对思政教育的接受程度。

（一）基本动力机制

大学生接受思政教育的过程是一个复杂的心理过程，涉及多种生理与心理的交互作用。大学生思政教育的接受过程从感性认知到理性思考，再到实际的价值观构建，经过了一个筛选和处理的过程。在这个过程中，思政教育的接受动力机制可从多个方面进行详细探讨，尤其是教育内容的设计、教学方法的选择以及教师在教育过程中对学生的引导和互动，都会对学生的接受程度产生直接影响。

接受对象本身是一个复杂的刺激变量体系，每项教育内容或教学活动都包含大量多样且杂乱的信息。大学生在接受教育内容时会受到刺激，并选择性地注意某些信息。大学生的接受视角与他们的个人需求、情感态度以及教育目的息息相关。通过选择性注意和信息知觉，大学生会从复杂的信息中筛选出对其有意义的部分，并开始理解和处理这些信息。

教师的教学设计、方法、内容以及情感传递，都会影响学生对教育内容的关注度和接受程度。例如，教师通过激发学生兴趣的教学方式，能够帮助学生与思政教育内容建立情感连接，从而显著提升学生的接受动力。在教学过程中，教师需要灵活地调整教学策略，通过多样化的教学方法让学生积极参与并互动，使学生在教学中不仅能获得知识，还能通过情感和价值观的参与，增强思政教育的实际效果。

大学生的接受标准处于动态发展过程。在接受思政教育时，学生会根据自身的需求和目标设定初步的接受标准。这些标准可能随着学生自我意识的增强和需求的变化而逐步调整和完善。例如，在刚进入大学时，学生可能对思政教育的关注点集中在如何融入集体、如何适应大学生活等方面，而随着大学生活的深入，学生的关注点可能转向如何处理复杂的社会问题、如何形成正确的价值观等。

大学对自身能力和可能付出的代价进行评估，从而决定是否接受特定的教育内容和观点。这种评估不仅有助于学生更加清晰地了解自身需求，还会引导学生在思政教育中做出更加理性和有意义的选择。因此，教育的接纳度不仅依赖于教育内容本身的质量，还与学生的自我认知和需求变化密切相关。

大学生的思政教育并非简单的知识传授，而是一个不断调整、修正和完善的过程。教师需要引导学生在学习和思考的过程中形成更加清晰和全面的接受标准，并通过灵活的教学策略，使学生能够在不断地反思与接受中形成自己的独立思想。这种思维模式的构建是大学生思政教育的重要目标之一。

（二）直接动力机制

直接动力机制是行为产生的根源，也是个体选择活动并产生行为的内在动因。对于大学生来说，思政教育的动机可以被视为其主动学习和接受教育内容的内部推动力。直接动力机制不仅能够激发个体的活动，还能维持这种活动，确保其朝着特定目标发展，从而满足其需求和心理期待。在大学生思政教育的接受过程中，直接动力机制的作用至关重要，因为它直接影响学生的学习态度、学习方式以及教育效果。

在大学生思政教育中，直接动力机制可以分为近景性动机与远景性动机两种类型，这两种动机的影响力各具特点，对思政教育产生不同的效果。

1. 近景性动机

近景性动机是与特定接受活动直接相关的动机，其影响范围相对较小，持续时间较短。这种动机通常与当前的学习任务或目标密切相关，能够促使学生在短期内集中精力，完成特定的思政教育内容。例如，大学生在期末考试前可能因考试临近产生的压力而激发学习动力，积极复习相关思政理论课程内容。这种动机的作用通常是即时的，往往在短时间内显现出较为直接的效果。高校在组织思政教育活动时，可以通过设定短期目标、明确学习任务等方式，激发学生的近景性动机，从而促进他们在短期内对思政教育内容的学习和理解。

2. 远景性动机

远景性动机与接受活动的社会意义、长远目标紧密相连，其影响范围广泛，持续时间较长。这种动机通常源于大学生对未来职业发展、社会责任和个人价值的长期思考。例如，良好的思政素养不仅能够提升个人的社会适应能力，还能帮助大学生在未来职场中更好地履行社会责任。因此，远景性动机能够激励学生在思政教育上付出更多的努力，并产生长期的、持续的效果。这种动机的核心在于通过引导大学生认识到思政教育的深远意义，帮助他们树立正确的世界观、人生观和价值观。高校教师可以通过将思政教育与学生未来发展需求相结合，使学生认识到这种教育对他们人生规划和职业发展的重要性，从而激发学生的远景性动机。

（三）间接动力机制

大学生思政教育的接受动机通常是多方面的，间接动力机制通过大学生学习兴趣来体现。兴趣作为接受动机中最为活跃和关键的构成要素之一，对大学生思政教育的成效有着深远的影响。

1. 接受兴趣的倾向性

大学生对思政教育内容的兴趣表现出一定的倾向性。这一倾向性指的是大学生在偏好指向上展现出对特定教育内容的关注。例如，在思政教育中，大学生可能更倾向于对某些社会热点问题、道德伦理探讨或时代精神的内容表现出较大的兴趣。这种偏好的差异直接影响大学生在接受思政教育内容时的专注度和参与度。因此，教师在设计思政课程时，需要充分考虑大学生的兴趣差异，采取灵活多样的教学策略，使不同兴趣的学生都能在教育过程中找到共鸣。例如，教师可以通过实际案例分析、与学生生活紧密相关的社会现象解析等方式激发学生的学习兴趣，这不仅能够增强学生的参与感，还能提升思政教育的吸引力和说服力。

2. 接受兴趣的隐性动力作用

兴趣在大学生思政教育的接受过程中起到了隐性的动力作用。具体而言，当大学生对某一思政教育主题产生浓厚兴趣时，他们会主动关注并参与相关的学习活动。在兴趣驱动下，大学生不仅在课堂上表现出更高的参与度，在课外也可能自发地进行深入思考和探索。这种内在驱动力有助于学生更好地理解和吸收思政教育内容。例如，当教师通过生动的教学方式激发学生对社会责任感的兴趣时，学生不仅会积极参与课堂讨论，还可能将这种兴趣延伸到课外，通过阅读文献、参与社会实践等方式进一步深化对思政教育内容的理解和应用。因此，教师应当注重培养学生对思政教育的兴趣，尤其是要通过多样化教学方法和互动式教学手段，增强学生的兴趣体验，从而激发学生的内在学习动机。

3. 接受兴趣的效能性

兴趣的效能性在大学生思政教育的过程中发挥着重要作用。具体来说，大学生的兴趣对思政教育的接受效果有着直接的影响。兴趣的强弱和持续性决定着大学生在学习过程中投入的精力和获取的知识深度。因此，教师在教学中应注重发挥兴趣的效能，设计具有挑战性和吸引力的教学内容，让学生在兴趣的驱动下，主动进行思考和探索，从而提升教育的效果。例如，当思政教育课程涉及复杂的理论或抽象的道德问题时，教师可以通过结合时代背景和学生身边的实际问题，来激发学生的兴趣。这种教学策略可以增强学生主动思考与探讨的积极性，提升课程的吸引力和教育效果。

二、思政教育接受心理的导向机制

大学生的思政教育是高校教学的重要组成部分，其作用不仅体现在帮助大学生树立正确的世界观、人生观、价值观，更通过深刻的心理导向机制引导学生形成正确的社会认知。作为思政教育的接受主体，大学生的思想和心理受到社会、文化、历史等多方面因素的影响，其中，理想、信念和世界观构成了大学生思政教育接受的心理基础和内在动力。

（一）当前主流意识形态的价值导向

高校在进行思政教育时，首先要关注大学生在社会大环境下所接收的各种信息与价值观的影响。社会对大学生的影响不仅来自家庭、学校，还包括网络、媒体、同辈群体等多个层面。社会的价值导向对大学生的思想观念、行为选择以及人生目标的确立产生深远影响。在这一大背景下，大学生的理想、信念与世界观成为接受思政教育的心理基石，而这些因素的塑造离不开当前主流意识形态的引导。

1. 理想

理想是人们追求未来目标和梦想的动力源泉，是大学生思政教育中不可或缺的精神支柱。高校在进行思政教育时，应当帮助大学生明确理想的方向，并鼓励他们为实现这些理想而奋斗。理想不仅是对美好未来的憧憬，还需要具有现实感和行动力，能够指引大学生的行为方向。理想在大学生心理接受中发挥着重要作用。首先，它为大学生提供了奋斗的目标，使他们在面对挑战和困难时保持初心，勇往直前。其次，理想作为内在驱动力，能够激励大学生在复杂的社会和学术环境中主动去争取更好的发展。理想的存在让大学生在接受思政教育的过程中，能够保持较高的标准，推动他们对所学内容进行更加深刻的思考和选择。因此，高校应当强化理想的引导作用，使其成为大学生积极参与社会实践和自我实现的动力。

2. 信念

信念是大学生思政教育接受活动的核心元素之一。它指的是个体对某一认知的真实性和正确性持有坚定的信任，是推动大学生行动的内在心理力量。高校教师在思政教育中，应当注重帮助学生树立科学的世界观，培养正确的信念。信念不仅是理想的支撑，还为大学生提供了行动指南。当大学生在思政教育中形成坚定的信念时，他们认同社会主流价值观，并将其作为自己行为的准则。信念的形成依赖于大学生的内心认同和自我验证，因此，高校教师应通过引导学生深入了解并认同社会主义核心价值观，帮助他们树立坚定的信念。这些信念将在大学生的学习和生活中起到正向引领作用，并在他们的社会实践中发挥巨大的推动力。通过培养大学生的信念，使他们坚定追求真理、正义和道德的目标，高校能够有效地提升大学生思政教育成效。

3. 世界观

世界观是大学生思政教育接受过程中的最高指导原则。它集中反映了个体对世界的根本看法与价值判断，决定了个体如何理解和处理生活中的各种问题。对于大学生来说，世界观不仅是对现实世界的认知，更引导他们在面对复杂多变的社会现象时形成正确的价值判断和行为规范。大学生的世界观在思政教育的过程中起着调节作用。不同的世界观对大学生的思想接受具有不同的导向作用，有些世界观能促进大学生积极参与社会建设，有些则可能使大学生产生消极的态度和行为。因此，高校教师在思政教育中，必须注重世界观的引导，帮助大学生树立科学的世界观，增强他们对社会发展趋势和历史规律的认识，使他们更好地理解时代发展和社会变革，从而在实践中做出符合社会发展需求的选择。

（二）思政教育中接受心理的问题导向

在大学生思政教育过程中，接受心理的引导机制起到了至关重要的作用。问题导向作为思政教育接受心理机制的关键环节，不仅是思政教育研究与实践的起点，也是推动教育工作不断进步的重要动力。高校、教师以及大学生三者之间的互动，共同推动这一导向机制的落地与实施。以下将从问题导向的基本概念出发，探讨其在大学生思政教育中的应用，进而分析问题导向对大学生接受心理的深远影响。

问题导向强调在思政教育工作中应始终聚焦现实中的具体问题，这些问题不仅包括大学生个体在认知和行为上的矛盾，也包括高校思政教育实践中的难点和瓶颈。高校和教师首先需要具备高度的敏锐性，能够准确捕捉学生思想动向、社会变革及学科发展中的困惑，并及时加以剖析。这一过程要求高校不局限于固定的理论框架，而是根据实际情况，灵活调整教育策略，以确保教育的针对性和实效性。

在问题导向的基础上，目标导向和结果导向则进一步为思政教育的实施提供了明确的方向和评判标准。目标导向要求高校和教师不仅要看到当前的教学问题，还要着眼未来，做好整体规划。通过科学的目标设定，教师可以更有针对性地调整教学内容和方法，持续提升教育效果。同时，目标导向也为大学生提供了明确的发展方向，帮助他们树立远大的目标，并在实际生活和学习中不断追求。结果导向则强调教育实践的最终成效，主要通过大学生的思想变化、行为转变和价值观的完善来评判。高校和教师应以学生的成长与发展作为检验教育成效的标准，关注学生从思想到行为的实际转化，同时鼓励大学生主动参与，积极反馈自己在思政教育中的学习成果，形成良性互动。

在新时代背景下，问题导向在思政教育中的作用更加凸显。高校和教师必须通过问题导向精确识别大学生在思政教育中的难点与盲点，进一步推动教育创新与深化。大学生则应通过问题导向不断反思自身的思想状态和社会认知，更好地适应社会变革与时代发展。问题导向不仅能提高思政教育的实效性，还能促进学生的个人成长，增强他们在未来职业生涯和社会生活中的竞争力。

高校在思政教育中，要提高教师和大学生的"问题意识"。教师不仅要具备深厚的学科知识和教学能力，还应有洞察社会、把握学生心理动向的能力。面对快速变化的社会环境和日益复杂的学生群体，教师在教学中不能仅停留在对表面现象的分析上，而应深入学生内心世界，发现其思想波动背后的根本问题。只有具备问题意识，才能使思政教育的方向和内容更加切合学生实际需求，真正发挥其教育引导作用。

对于大学生而言，问题意识同样不可或缺。大学生正处于世界观、人生观和价值观形成的关键时期，他们在面对学业压力、社会责任、个人理想等方面时，容易产生认知上的冲突与困惑。因此，在思政教育中，大学生应该培养主动发现问题、直面问题的意识。这不仅有助于提高他们的问题解决能力，也使他们能够在复杂的社会环境中保持清晰的思维和正确的价值判断。

（三）社会评价与群体压力对主体的无形导向

在大学生思政教育过程中，社会评价与群体压力对大学生的心理和行为导向起着至关重要的作用。

1. 社会评价

社会评价不仅是外界对个体行为和思想的评判，更深深融入了大学生的思想教育体系中，成为塑造他们价值观和行为模式的重要因素。作为一种社会交往的重要形式，社会评价通过对个人、组织或事件的评价结果，影响个体的认知和行为。在高校环境中，社会评价的影响尤为明显。大学生在校园内不仅受教师评价的影响，还经常受到同学、学校以及社会媒体的评判。这些评价的权威性和广泛性，使得大学生往往会在无形中接受并认同这些外部评价，进而影响他们的思想认同和行为选择。高校作为教育和社会化的场所，其评价体系对大学生的思政教育产生着直接且深远的影响。例如，学校对学生的学术表现、思想品德、社会活动等方面的评价，会直接影响学生对这些行为的认同程度，进而影响他们在思政教育活动中的参与度与积极性。

社会媒体的发展进一步放大了这一影响。在新时代背景下，网络社交平台成为大众传播的重要渠道，广泛的社会评价虽不如教师的直接评价那样具有直接性，但它通过网络空间的舆论导向，深刻影响着大学生的思想观念和行为方式。例如，关于某一社会事件的舆论反应，可能引导大学生形成对该事件的认知和态度，进而影响他们的行为决策。在这种环境下，大学生的行为不仅仅是个人的选择，更是受到来自社会评价标准的强烈制约。

2. 群体压力

群体压力通常表现为信息压力和规范压力两种形式。作为高校中的一员，大学生在日常学习、生活和社会活动中，常常受到同学群体、社团组织等集体的潜移默化影响。群体的价值观、信念和行为规范在无形中塑造着学生的思想意识。例如，在一群志同道合的同学中，某些思政观点和行为模式可能会成为普遍接受的标准，大学生为了融入集体，往往会在无形中遵循这些群体行为规范。

群体压力不仅体现在行为规范上，还体现在信息的接受和处理上。在大学生的思政教育中，信息压力指的是群体对某些信息的普遍认同程度，大学生可能在这种压力下接受集体所认同的信息，而忽视或排斥其他信息。这种情况往往会导致大学生在处理个人思想和集体认知之间的冲突时，做出妥协，最终形成与群体一致的行为模式。

对于教师来说，他们不仅是思政教育的主导者，更需成为密切关注群体压力对大学生个体行为影响的观察者。教师应引导大学生在思政教育活动中积极思考，帮助他们在群体压力和个人信念之间找到平衡。在此过程中，教师需要深刻理解社会评价和群体压力的双重作用，充分利用这些因素，引导大学生形成积极、健康的思想观念。通过组织集体讨论、班级活动等形式，教师能够让大学生在群体互动中逐步形成正确的思想和行为准则。

三、思政教育接受心理的促进机制

大学生在思政教育过程中，会经历认知、认同与内化整合等多个阶段，每一阶段都对其心理接受机制产生着深远影响。在认知阶段，大学生会选择和筛选符合其接受标准的信息；在认同阶段，学生被引导接受并认同这些符合标准的信息。随着教育的深入，进入内化整合阶段，将所接收的信息与自身原有的思维模式进行深度结合，从而促进思想品德的提升。在这一过程中，高校扮演着重要的引导和促进角色，而教师则是推动这一机制有效运转的核心力量。

（一）主体内化整合的促进机理

在思政教育中，大学生在认同阶段将外来信息与原有的思维结构相结合。当信息与学生原有的接受图式相契合时，学生会主动将其内化，形成新的思维模式。这个过程不仅是信息的吸收，更是认知结构的动态调整和深化。在内化整合的过程中，学生的思想品德得到不断巩固和提升。此时，高校和教师需要提供符合学生发展需求的教育内容与方法，确保信息的准确传递和学生认知的有效升级。

然而，并非所有信息都能被学生立即接受。当信息与学生已有的思维结构不符时，学生可能会面临认知冲突。这时，学生可能会表现出两种反应：一是抵触这些信息，强化已有的思想品德结构，在认知上排斥；二是在面对新信息时，调整原有的思维方式，以适应新的要求和观念。在这种冲突情境下，高校和教师的作用尤为重要。教师的引导与启发可以帮助学生平衡冲突，推动认知的重构与深化。通过教育的不断引导，学生能够在认知冲突中进行思维模式的重构，进而更好地接受新观念和新价值观。

思政教育的内化过程包括主动性接受促进和被动性接受促进两种方式。①主动性接受促进是指大学生在认知基础上直接同化信息，无需经历态度的剧烈转变。这通常发生在教育内容与学生的认知图式相符，或教育内容能直接满足学生的需求时。此时，教育内容与学生的利益需求、价值观念高度契合，学生能够迅速而自然地接受这些信息，并将其转化为自觉的社会行为。②被动性接受促进是指学生在群体压力或社会环境的影响下，逐渐内化外部信息的过程。高校中的集体活动、思政课程以及同伴的影响等，都对学生的认知产生重要作用。学生在接受思政教育的过程中，可能在集体认同感的推动下，经历多次信息加工与内化，最终形成稳定的思想结构。教师在这一过程中扮演着重要的引导角色，通过课程设计、教学互动及个性化指导，帮助学生实现对信息的深度理解和有效内化。高校的思政教育不仅需要依靠学生的主动学习和认同，还需要通过多次循环和反复的认知实践，帮助学生消化吸收难以直接接受的教育内容。通过这一机制，大学生能够在不断反思与内化中提升思想品德和社会责任感，形成成熟的社会行为模式。

（二）媒介环境的促进作用

思政教育的接收媒介不仅是大学生信息接收的载体，也是将接收系统中各要素联系在一起的桥梁。在思政教育活动中，教师与学生之间的交互作用并非完全直接的，通常需借助中介系统实现，这是一个间接的、复杂的相互作用过程。接收媒介多种多样，其接收效果及促进作用也因媒介类型而异。

作为教师与学生之间相互作用的桥梁与工具，思政教育接收媒介扮演着至关重要的角色。在信息传递过程中，教师通过特定的媒介与大学生进行互动，完成信息的传递与交流。其中，家庭和学校环境也隶属于接受媒介。家庭成员的世界观、对社会的理解，以及对政治权威所持的态度与立场会直接或间接地传递给子女，影响子女的接受能力和接受图式的发展。学校是大学生思政教育活动中非常重要的接收媒介。大学生的价值观等思想雏形多半是在学校中形成和发展的。学生通过学校系统的思政教育，确立政治观念、培养政治态度和政治情感，形成政治价值观，并发展主体的思政教育接受图式。

四、思政教育接受心理的调节机制

在高校的思政教育过程中，大学生的心理状态直接影响其对教育信息的接受与理解。因此，教师和高校必须认识这一机制，并加以合理调节，以实现更好的教育效果。

（一）心理状态对教育信息的调节作用

心理状态是指个体在某一短暂时间内心理活动的相对稳定特征，它在学生的认知、情感、意志等心理过程中起着至关重要的作用。例如，学生的心境可能是积极的、兴奋的，也可能是冷静的、压抑的。每种心理状态都会在一定程度上影响学生对思政教育内容的接受程度。在高校教育实践中，教师应当了解学生的心理状态，并在此基础上调整教学策略。不同的心理状态，如兴奋或平静、激动或抑制、欣然或抵触等，都会影响学生对教育内容的反应，进而影响接受教育信息的数量和质量。

例如，当大学生在情绪激动、心理不稳定时，可能对思政教育中的某些观点产生抵触情绪，这时教育效果往往不理想。而在心理状态平稳、情感积极的情况下，学生能够更加开放地接受教育信息。因此，高校教师应时刻关注学生的心理状态，尤其是在教学前或教学中，及时通过调整教学方法、内容呈现方式等手段，帮助学生调整不良的心理状态，提升思政教育的亲和力和接受效果。

（二）心理状态对青年接受和形成正确的思想观念的调节作用

在大学生思政教育中，学生的心理状态不仅影响其对教育信息的接受程度，还在更深层次上调节着正确思想观念的形成。大学生的思想观念并非在短时间内形成，而是通过长期的教育和心理积淀逐渐建立起来的。高校的思政教育在此过程中起到了重要作用，但要确保教育效果，必须从大学生的心理状态出发。例如，当学生处于焦虑、疑虑、怀疑等消极心理状态时，思政教育的影响往往较弱。相反，如果学生心境平和、积极向上，则教育信息的接受程度则会明显提高。因此，高校在进行思政教育时，需敏锐察觉学生的心理状态，并根据不同的心理状态调整教育方法和内容，以促进正确思想观念的形成。

　　大学生的心理状态并不是单一的，而是多种心理过程和特征交互作用的结果。教师应通过创造良好的心理环境，帮助学生调整消极的心理状态，并培养其健康、积极的心理特征。这种良好的心理状态不仅有助于思政教育的接受，还为大学生形成正确的世界观、人生观和价值观提供了基础。高校可以通过开展心理辅导、组织团体活动等方式，增强学生的情感认同感和归属感，从而促进思政教育的顺利进行。

　　因此，高校应当高度重视大学生心理状态的变化，针对不同的心理状态采取灵活的教育策略，通过营造积极、向上的心理氛围，帮助学生调整到更好的思政教育状态。这不仅能增强思政教育的亲和力，还能更好地培养大学生的正确思想观念，为其未来的发展奠定坚实的心理基础。

第四节　思政教育接受心理机制的实现对策

一、提升大学生思政课程课堂效能

　　在新时代背景下，大学生思政教育的接受效果需要依赖内因与外因的共同作用来提升。其中，提升大学生思政课程课堂效能十分重要。

（一）构建大学生新型课堂环境

　　在新时代背景下，大学生思政教育的有效实施不仅受外部因素驱动，更需深刻把握内因与外因的交互作用。大学生思政教育接受效果的提升，涉及诸多层面的综合因素，其中最为关键的是如何通过有效的课堂教学手段来增强学生的认同感与参与感，进而提升课堂效能。思政教育的课堂效能，不仅关乎知识的传播，更在于引导学生进行自我思考、内化价值观和思想，最终实现个体的思政素养提升。

　　提升大学生思政课程课堂效能，需要从课堂环境的创新与优化入手。新的课堂环境不仅应当具备传统课堂的知识传授功能，还需注重满足学生主体性和个性化的需求。课堂的设计应当更加注重互动性与启发性，充分调动学生在课堂中的主动性，使学生能够在思想碰撞与交流中增强思政教育的认同感与归属感。

课堂氛围的营造同样至关重要。在传统课堂教学模式下，学生的角色往往是被动的接受者，而这种单向的知识传递往往导致学生对思政教育内容理解的深度和内化的效果较差。为此，需要通过营造一个开放包容、互动频繁的课堂氛围，鼓励学生参与讨论与互动，激发他们的思维和情感，使他们在自由表达的过程中逐步形成对思政教育内容的认同和自觉内化。这一转变不仅有助于提升思政教育的课堂效能，也能够帮助学生在更加民主、平等的氛围中锤炼自我认知和价值判断。

（二）创设大学生情景模拟教学

　　情景模拟法作为一种教学手段，广泛应用于各种教育场景。其核心思想在于，通过精心构建具有真实感的情境，让学生在模拟环境中扮演不同的角色，并通过换位思考来深入理解特定问题，从而达到提升学习效果的目的。在思政教育的背景下，情景模拟法通过角色扮演与情境设计，能够有效帮助学生理解马克思主义理论的精髓，并将理论知识转化为实际运用能力。因此，情景模拟法具有高度的实用性、可操作性与深刻的教学意义，尤其在大学生思政教育中，具有显著的优势。通过情景模拟教学，学生不仅能够加强对马克思主义基本理论的掌握，还能激发自主探究的兴趣与学习动机，进一步形成正确的世界观、人生观和价值观。

　　情景模拟法的关键在于情景设计的精妙性与目的性。为了使学生深刻理解马克思主义理论，情境的设置必须紧密围绕思政教育的核心内容，特别是马克思主义理论的核心议题。情景模拟应当针对学生在理解和应用理论时可能遇到的困难与瓶颈，设计出具有针对性的情境。例如，在探讨马克思主义哲学时，教师可以模拟不同社会阶层之间的对话，让学生从不同角色的角度出发，体验马克思主义关于社会阶级、历史唯物主义等重要观点的实际运用。通过情境中人物的互动，学生能够更好地理解马克思主义的深刻内涵与现实意义，从而增强其理论认同感与实践运用能力。情境的设置应避免过于抽象，务必具备足够的现实性和生活化，以便学生能够在情境中找到与自身经验或社会现象的联系，进而激发思考和学习兴趣。

　　情景模拟法的成功实施不仅依赖于情景的设计，更需要教师对整个教学过程进行细致周密的筹备和科学的组织管理。教师需要提前明确模拟场景的教学目标，确定具体的教学内容与学生需要达到的学习效果。例如，在模拟一个具体的社会实践活动中，教师应当确保学生通过模拟能够深刻理解马克思主义基本原理，而不仅仅是简单地进行角色扮演。在角色分配上，教师应根据学生的实际情况和心理特点，合理分配角色，确保每一个学生都能在模拟过程中得到充分的参与。角色的分配不仅要考虑学生的个性与能力，还应确保不同角色之间的互动性，以便最大程度地激发学生的参与热情与思考深度。

此外，情景模拟的组织管理也非常重要。在实际操作中，教师需要做好教学流程的设计，确保情景模拟的每一个环节都能有序进行。例如，在情景模拟前，教师可以通过预设问题或情境描述，引导学生进入角色并设定思考的方向；在模拟过程中，教师需要根据学生的反应及时进行调整，提供适当的引导和支持；在模拟结束后，教师还应组织学生进行总结与反思，帮助学生系统地梳理自己在模拟过程中的体验与收获，进一步巩固对马克思主义理论的理解。

通过精心设计与科学组织，情景模拟法能够充分发挥其在思政教育中的优势，使学生在互动实践中深化理论学习，有效促进其思想认知和心理机制的转化，为提升思政教育的效果提供有力保障。

（三）完善思政教育内容

思政教育的核心在于提高其在受教育者中的接受度与影响力。这种影响力的实现，不仅依赖教育者的传授技巧，还需通过优化教育内容来激活受教育者的心理接受机制。教育内容的更新必须紧跟时代的步伐，不断贴近受众的需求和实际生活，尤其对大学生群体而言，思政教育内容的时效性与关联性尤为重要。因此，优化教育内容成为提升思政教育吸引力的关键。

在多变的社会环境中，思政教育的目标、任务、内容、形式等都需随时代的发展不断调整与完善。思政工作只有紧跟时代，才能与时俱进，保持生机与活力。这种活力并非一蹴而就，它需要通过合理规划教育内容和深入的心理机制分析来实现。

1. 教育内容与时政热点相结合

思政教育的内容必须符合时代的要求。随着社会的快速发展，学生的思想观念和价值取向不断变化，思政教育如果停滞不前，将难以触动学生的内心。因此，教育内容应注重结合时政热点，紧跟社会潮流和时代发展，确保教育的吸引力和实效性。

思政教育要根据国家和社会发展的最新理论成果及时更新课程内容。在中国特色社会主义进入新时代的背景下，思政教育不仅要包括经典理论的传授，还要紧密结合新理论、新成果，传递国家发展、社会变革中的新思路、新视角。结合时事热点，可以使思政教育更加贴近现实，增强教育的时代感和实用性，让学生感受到思政教育的生命力和现实意义。

此外，结合时政热点的思政教育更能激发学生的社会责任感与使命感。学生的价值观念往往通过关注社会热点问题而逐渐形成，如果能在教育内容中融入时政热点，就能够引导学生更加关注国家发展与社会进步，从而帮助他们树立积极向上的社会责任感。

2. 理论联系学生实际生活

大学生是思政教育的主要受众群体，他们的世界观、人生观、价值观正处于形成和调整的关键阶段。在这一时期，学生对教育内容的接受程度往往取决于教育内容与他们实际生活的关联紧密程度。因此，理论联系学生实际生活尤为重要。

思政教育应通过学生身边的具体事例来阐释抽象理论问题。比如，结合国家政策和发展成果，以及学生在日常学习和生活中的实际经历，让理论更加生动、具体。这不仅能增强学生对思政教育内容的认同感，提高其接受度，还能帮助学生发现理论与实践的密切联系，激发他们对社会的关注与思考。

将理论与学生实际生活相联系，不仅是为了让教育内容更具亲和力，更是为了提升学生对思政教育的认知和情感认同。当学生能够在日常生活中找到教育内容的映射和体现时，他们更容易产生共鸣，从而主动吸收和接纳思政教育的核心理念。

此外，思政教育还应注重贴近学生的情感世界，关心学生的心理需求和困惑。当学生在学习、生活、就业等方面遇到困难时，思政教育工作者应主动介入，提供帮助和支持。在帮助学生解决实际问题的过程中，加深他们对思政教育的理解与认同，培养他们的社会责任感和集体主义精神。

二、组织多样化的实践活动

（一）班级主题活动

班级主题活动是以班级为单位，在教师的指导下，围绕解决学生思想道德发展问题及提升学生综合素质而开展的系统性教育活动。该活动不仅关注学生的思政理论教育，更注重学生的个体成长和社会适应能力的培养，旨在帮助学生树立正确的世界观、人生观和价值观，促进其全面发展。对于大学生来说，思政教育的核心目标是通过各类教育手段，帮助他们树立共产主义远大理想，坚定社会主义信念，并为中华民族伟大复兴贡献力量。这一过程还应包括对学生社会主义信念的强化，培养其高尚的道德品质，从而为社会输送德智体美劳全面发展的高素质人才。

班级主题活动具有鲜明的主体性、计划性和长期性等特征。首先，活动的主体性体现在它充分发挥学生的参与和主导作用，教师更多扮演引导者和支持者的角色，而非单纯的知识传授者。学生主导的活动形式，能够有效调动学生的积极性和创造性，使他们在活动中获得真实的认知和情感体验。其次，班级主题活动必须具有计划性，这意味着活动的设计要有明确的目标和步骤，确保每一次活动的实施都有明确的教育意义和实践价值。计划性还体现在活动的多样性和长期性上，通过持续开展主题活动，逐步推动学生思政素质的提升，进而形成持续的教育影响。

班级主题活动的目标之一是促使学生学会自我教育，逐步实现自主发展。在活动过程中，学生能够在自我反思和集体互动中找到成长的空间，提升自主学习和自我管理的能力。这与思政教育的终极目标"立德树人"高度契合。通过多种形式的班级主题活动，学生不仅能够获得知识，还能提升心理素质和社会适应能力，塑造健全的人格。通过与同龄人的互动交流，学生能增强社会责任，加深对集体主义精神的理解，同时增强对个人行为规范和社会伦理道德的认同。

大学生在年龄上较为接近，心理特点和成长经历相似，班级主题活动能够充分利用这一优势，整合学生群体的集体教育资源。在平等的协商和对话中，学生能够相互启发，建立起基于信任和友善的情感联系。活动的共同参与和协作性增强了学生间的凝聚力和归属感，使他们在参与过程中产生温暖感、信赖感和亲切感。这种情感共鸣有助于加强学生对思政教育内容的内化，进而形成自觉的思想行为模式。在这样的教育氛围中，学生不仅能提升自我素质，还能形成更加坚定的价值信仰和正确的行为导向，为未来社会的发展贡献青春力量。

（二）党团活动

在推进大学生思政教育的过程中，充分发挥党团组织和学生组织的作用至关重要。高校应将思政教育工作作为核心任务，并将其置于优先发展的战略地位，尤其要充分利用党团组织在教育引导、团结动员以及联系学生方面的独特优势。作为青年学生群体中的重要力量，高校党团组织与大学生群体有着紧密的联系，其工作的开展具有针对性和有效性。因此，必须加强党团组织的建设和发展，充分发挥其在大学生思政教育中的引领作用。

首先，高校应当将社会实践作为理论教育的有力补充，推动理论与实践的深度融合。在开展党团活动时，必须注重理论与实践相结合，确保学生能够通过实践活动深化对思政教育理论的理解和认同。高校团组织应结合自身办学传统、历史文化和校风学风特色，以优良的校风和学风为依托，搭建独具特色的党团活动平台，并通过这些活动推动学生的道德实践和价值观塑造。同时，应将社会实践作为党团活动的核心载体，利用寒暑假等课余时间，合理组织大学生参加形式多样的社会实践活动，如社会调查研究、志愿服务、公益活动、科技创新等。通过这些活动，大学生不仅能在实践中接受教育，更能培养起强烈的社会责任感。高校应当将社会实践活动纳入大学生思政教育的整体规划，扩大活动的覆盖面，建设稳定的实践基地，形成长效机制，确保学生实践活动持续发挥教育作用。在此过程中，需要特别注意的是，社会实践活动不能仅停留在表面形式上，不能成为一时的象征性工程。高校应当结合地理优势和资源禀赋，探索利用红色资源，组织学生进行实地参观和调研，让学生在活动中接受爱国主义精神的熏陶和洗礼，增强学生的国家认同感和责任感。

其次，高校可以以经典活动为载体，拓展党团活动的影响力和深度。经典活动指的是在党政部门支持下，社会关注度高且学生参与度广的活动，这类活动通常在学校和社会产生积极影响，能够长期持续并深受青年学生欢迎。经典活动以潜移默化的方式，在一定时期内对社会发展产生深远影响，并在全社会参与的氛围中，积极培养学生的价值观和精神风貌。高校党团组织应当增强打造经典活动的意识，将新时代社会主导的价值观与大学生的特点相结合，创新传统经典活动的开展形式，确保活动的多样性和吸引力。这些活动的开展，让思政教育变得生动有趣，增强了学生的参与感和认同感，进而扩大了党团活动的覆盖面和影响力，提升了大学生思政教育的效果，推动了思政教育心理接受机制的实现与深化。

（三）社团活动

　　社团作为一种独特的社会组织形式，具有显著的社会化功能，其活动对大学生的社会化进程起到了潜移默化的作用。社团活动不仅为大学生提供了参与社会实践的平台，还通过群体互动、情感共鸣等途径，影响着大学生的思政观念。社团活动的实施效果与大学生群体的心理机制密切相关，只有深刻理解社会心理学理论，并运用有效的教育策略，才能更好地发挥社团活动在思政教育中的作用。

　　社团活动作为一个小型社会系统，其对个体的影响常通过从众效应、社会助长效应、迁移效应和移情效应等心理机制得以实现。从众效应指的是个体在群体压力下倾向于与他人保持一致，在社团活动中，大学生可能在参与过程中受到同伴意见和行为的影响，从而形成共同的理想价值观；社会助长效应则表明，群体成员的支持和认可能增强个体的自我效能感，社团活动中的集体氛围鼓励大学生积极参与，提升其认同感和归属感；迁移效应强调通过社团活动的学习和实践，个体在其他领域中也能迁移运用所学的思政理念，进而形成稳定的思政态度；移情效应是指在社团活动中，大学生通过与他人情感的互动与共鸣，能够在潜移默化中接受和认同社团倡导的思想观念。因此，精心设计社团活动的内容和形式，是实现思政教育效果的关键。

　　社团活动的顺利开展离不开大学生群体的特性。大学生在年龄、能力、智力、经历、兴趣等方面的相似性，为开展思政教育活动提供了有利条件。社团成员之间的共同背景和兴趣爱好使他们在参与社团活动时，能够在相对平等和亲密的环境中进行思想交流与碰撞，为理想信念教育活动的顺利开展创造了条件。在这种氛围下，大学生能够在愉悦中逐渐接纳思政教育内容，使教育更加生动、具体且富有吸引力。

　　大学生作为社团活动的主体，既是参与者，也是组织者、管理者和执行者。因此，社团活动具有较强的吸引力和感染力，对思政教育的效果具有积极推动作用。大学生作为社团的核心群体，他们对活动的兴趣和投入程度决定着活动的成效。在参与社团的组织与管理中，大学生能够获得更多的自主性和责任感，这种自我认同感和自我价值的实现，有助于他们更积极地接纳思政教育内容。

　　同时，社团活动的教育效果还依赖于社团组织的自身建设。为了更好地发挥社团在思政教育中的作用，社团应不断加强自身的能力建设，提高组织管理水平和业务能力，确保社团活动能够有序开展。社团活动的内容应当丰富多样，既要涵盖理论学习、学术研究等深层次知识，也要有兴趣爱好、社会公益等实践性强的活动。这些多样化的活动不仅能够满足大学生不同层次的需求，还能使思政教育在活动中自然渗透，从而促进其接受心理机制的构建与完善。

高校应当大力支持和鼓励各种类型的社团组织的发展，包括理论学习型社团、学术研究型社团、兴趣爱好型社团以及社会公益性社团等。各类社团的多样性和包容性为大学生提供了广阔的发展空间，也为思政教育提供了多元化的实施平台。在这些充满活力和创意的社团活动中，大学生能够在丰富的实践体验中实现自我教育与自我成长，从而进一步促进思政教育的接受心理机制的实现，推动大学生的全面发展。

（四）志愿活动

在当代社会，志愿服务活动已经从最初的个体行为，逐步发展为广泛的社会运动，参与人数不断增多，涵盖领域日益广泛。从单一的个体行动，发展到小范围的团体合作，再到大规模的社会群体共同参与，志愿服务的影响力呈指数级增长。这股由无数志愿者汇聚而成的强大力量，源自他们无私奉献、勇于担当、坚持不懈的行动与信念。正是这些志愿者通过实践和服务，在不同的社会场景传递着温暖与关爱，成为各行各业中的重要力量。志愿活动不仅是一种外在的服务形式，更蕴含着深刻的精神内涵，特别是在当代中国的社会文化背景下，志愿精神已逐渐成为推动社会发展的重要动力。

志愿活动以"德"为核心，体现了道德理想的追求与社会责任感的汇聚。大学生志愿服务活动通常得到政府的大力支持，并在媒体的传播作用下迅速扩展，产生广泛的社会影响。政府不仅是志愿活动的支持者，也是大学生教育的直接承担者。通过志愿服务，大学生在社会实践中体验与感悟，不仅加深了对社会责任和公民义务的认识，而且在服务过程中逐步树立起自觉的社会担当与理想信念。可以说，志愿活动不仅是社会服务的过程，更是思政教育的重要阵地，它通过增强大学生对社会的认同感、责任感和使命感，助力大学生的思想塑造与价值引领。

中国作为社会主义国家，特别重视志愿活动在塑造年轻一代社会价值观和道德信仰中的独特作用。志愿活动的开展，尤其是大学生志愿活动的普及，正是在社会主义核心价值观引领下形成的一种社会行为模式。大学生在参与其中时，通过与他人的互动与交流，不仅提升了个人的社会认同感，还在潜移默化中受到了社会主义理想与价值观的熏陶。志愿活动有助于培育青年的社会责任感，并通过集体参与和互助合作，进一步增强了他们对集体主义、奉献精神以及社会责任的认同。

通过志愿活动这一平台，大学生在实践中获得了丰富的社会经验，逐渐树立起积极向上的人生态度与价值观。同时，志愿活动中的群体互动也增强了大学生的归属感和集体荣誉感。在这一过程中，大学生思政教育不再局限于理论学习，而是通过实际行动和社会服务，进一步深化了他们对社会主义社会的认同与忠诚。这种自觉的道德修养与理想培养，不仅有助于他们个人成长，更为社会的和谐发展注入了源源不断的动力。

从长远来看，志愿活动的广泛开展将有助于培养更多具有责任心、创新精神与社会担当的大学生，这对建设社会主义和谐社会具有深远的意义。大学生作为社会发展的新生力量，其思想和价值观的塑造直接关系到国家的未来与发展。因此，志愿活动不仅是对大学生的道德教育，更是思政教育的重要组成部分，助力新时代中国特色社会主义事业的繁荣与发展。

三、改善大学生隐性思政教育环境

教育环境是大学生思政教育的外部影响因素，对大学生的认知、情感、需求、价值观等心理因素产生着深远影响。环境对大学生心理的影响有正向的促进作用，也有负向的阻碍作用。因此，加强环境建设也是提升大学生思政教育效果的一条途径，能够增强思政教育对大学生心理的感染力。

（一）家庭环境：家长加强沟通，及时发现学生问题

大学生思政教育的家庭环境，指的是家长在思想品德、行为规范等方面对学生思想道德的塑造与影响。尽管当代大学生普遍具备较高的独立性和新鲜事物接纳能力，但父母的世界观、人生观、价值观以及待人接物的态度，依然在潜移默化中对大学生的思想和行为产生深刻影响。从教育学角度来看，父母是孩子的首任教师，家庭是学生接受教育的重要场所。家庭的长期影响和教育，往往在一定程度上决定着学生的性格养成、行为规范以及对社会和事物的基本态度。因此，家庭环境不仅是影响大学生思政教育的重要因素，也是其心理机制形成的关键环节。

长期的共同生活使家庭成员的言行举止深刻影响着大学生的思想状态。家庭不仅是大学生的情感归宿，更是其心灵的港湾。良好的家庭环境能够为

大学生提供情感上的支持与心灵上的慰藉，对其心理健康与思想教育产生巨大的感化作用。在此背景下，大学生思政教育若能够有效地利用家庭环境的优势，便能更容易接近大学生的心理，帮助他们更好地接受和认同思政教育的核心内容。

家庭环境的影响具有潜移默化的渗透性，不仅体现在家庭成员的言传身教上，更体现在家庭成员间的关系、家庭氛围以及日常生活习惯的潜移默化中。研究表明，家庭成员之间的互动模式以及家庭的整体氛围，对大学生的思政教育具有重要的促进作用。家庭是大学生接受思政教育的重要场所之一，因此，家庭成员特别是父母，应当自觉承担起对大学生思政教育的责任。

为充分发挥家庭环境对大学生思政教育的作用，家庭成员应当积极弘扬中华传统美德，营造和睦、民主的家庭氛围，倡导尊老爱幼、互敬互让的家庭文化。家庭成员应不断提升自身素质，特别是父母作为思政教育的首要责任人，应通过日常的言行和对话，传递积极向上的价值观。此外，家庭成员之间应保持有效的沟通与交流，建立和谐、互信的家庭关系，为大学生提供一个温馨的教育支持环境。

大学生思政教育工作者应当与学生家庭保持密切的联系与合作，强化家庭在学生成长中的重要作用。教育工作者应通过定期与家长交流，使家庭成员认识到他们在学生思政教育中的不可替代地位，共同推动家庭的和谐发展。当学生出现思想或行为问题时，学校应及时与家长沟通，共同协作，帮助学生走出困境。家校合作，能够增强学校思政教育的情感感化力，使大学生在心理上更贴近学校教育，更容易接受和认同思政教育的核心内容。最终，家庭环境与学校教育的良性互动将为大学生的思政教育提供坚实的心理基础，促进其心理健康和思想品德的全面发展。

（二）学校环境：校方高度重视，营造浓厚的学习氛围

高校是大学生思政教育的主阵地，肩负着培养社会主义合格建设者和可靠接班人的重要使命。因此，要充分发挥高校在思政教育中的引领作用，这需要从整体环境建设入手，构建适宜的教育生态，以提高学生对思政教育的接受程度。高校环境可以分为硬环境和软环境两个方面，硬环境主要指办学指标、建筑设施、实验设备、道路规划、公共服务体系等物质条件；软环境涉及学校的文化底蕴、学术氛围、管理制度以及教育理念等。二者相辅相成，共同影响学生的思政认知和价值取向。

在硬环境建设方面，高校应当优化基础设施配置，确保教学楼、图书馆、实验室、报告厅等场所设施完备，为思政教育的开展提供良好的物质支撑。同时，加强校园文化宣传阵地建设，如设立思政教育主题展览馆、红色文化长廊、校史馆等，让学生在日常学习和生活中潜移默化地受到思政教育的熏陶。此外，利用现代信息技术搭建智慧校园平台，提升思政教育的数字化、智能化水平，提高学生的学习兴趣和参与度。

在软环境建设方面，高校应当高度重视校园文化建设，通过打造具有特色的文化品牌活动，提升思政教育的感染力。例如，可以依托"第二课堂"开展红色经典诵读、思政主题辩论赛、党史知识竞赛等，引导学生在互动与思考中深化对社会主义核心价值观的理解。同时，加强学术氛围建设，鼓励思政理论课程与前沿学科交叉融合，开设具有创新性和实践性的思政选修课程，使思政教育更加贴近学生的实际需求。此外，学校管理者应当注重管理策略，建立科学合理的思政教育激励机制，充分调动师生的积极性，让思政教育成为校园文化的重要组成部分，而非单向灌输的知识传授。

总之，只有通过优化校园硬环境和软环境的建设，营造浓厚的学习氛围，才能有效增强大学生对思政教育的认同感并提高接受度，使他们在潜移默化中树立正确的世界观、人生观和价值观，为未来的社会发展和国家建设奠定坚实的思想基础。

四、构建新时代思政教育网络体系

根据新时代大学生的心理特点，将网络背景与大学生的新需求紧密结合，以满足学生的需求并取得良好的教育效果。因此，搭建思政教育智媒平台、打造思政教育网络课堂、加强思政教育网络宣传队伍建设，是构建新时代思政教育网络体系的有效途径。

（一）搭建思政教育智媒平台

当代大学生作为互联网的主要用户，他们的日常学习、生活和社会交往已深度融入数字化网络环境。新媒体技术的迅猛发展，为高校思政教育提供了更广阔的传播渠道和丰富的教育资源。然而，当前思政教育领域的新媒体资源较为分散，缺乏系统整合，导致教育内容的传播效率较低，教育影响力难以最大化。因此，构建集资源整合、信息交互、个性化推送于一体的思政教育智媒平台，成为提升高校思政教育实效性的重要举措。

该智媒平台应具备资源整合功能，汇集各类优质思政教育资源，包括政策文件、理论文章、专家讲座、微课视频、红色文化资源等，形成系统化、多维度的思政教育内容库。利用云端存储和大数据分析技术，实现教育资源的精准推送，确保不同年级、专业的学生都能获取符合自身需求的思政教育内容，从而提高学习的针对性和有效性。

智媒平台应充分发挥互联网技术的互动优势，促进高校师生的思想交流与知识共享。传统思政教育模式多依赖教师的单向讲授，而智媒平台的建设能够打破时空限制，实现线上线下联动，鼓励学生在学习过程中主动参与讨论、发表见解、分享心得。高校可以结合人工智能技术，建立智能问答系统，利用自然语言处理技术，解答学生在思政理论学习中的疑问，提升学习的便利性和趣味性。同时，增设"教育者—学生"互动模块，支持匿名问答、在线交流、即时反馈等功能，使思政教育更加贴近学生需求，增强其参与感与认同感。

智媒平台应依托新媒体矩阵，构建多渠道、多层次的信息传播体系。高校应充分利用官方网站、微信公众号、微博、抖音、B站等自媒体账号，形成联动机制，将思政教育的核心内容以短视频、直播、专题文章、知识问答等学生喜闻乐见的形式进行推送，提升教育的吸引力和影响力。例如，可利用抖音、快手等短视频平台制作微课，将复杂的思政理论转化为生动直观的短视频，提高学生的接受度。同时，结合时事热点，通过网络直播、在线论坛等方式，引导学生关注社会现实，培养他们的社会责任感和家国情怀。

高校思政教育不仅要注重内容的深度与广度，还应在教育形式上不断创新，以适应大学生的学习特点和认知习惯。随着碎片化学习模式的普及，大学生的学习时间往往零散，传统的长篇大论教学难以充分吸引他们的注意力。因此，思政教育网络平台在推送内容时应言简意赅，确保信息精炼且富有内涵，从而提升大学生在有限时间内的学习效率。

在内容呈现方式上，应减少晦涩难懂、冗长枯燥理论知识的直接推送，采用更具吸引力的表现形式。例如，可以充分利用微视频、动画短片、情景剧、纪录片等，使思政教育内容形象化、故事化，以更加贴近学生的认知习惯和情感体验。此外，还可以开展道德讲座、嘉宾访谈、案例分析等多样化的活动，以实际案例增强理论的现实感，帮助学生在具体的社会情境中理解思政理论的实践意义，从而提升价值观和情感的认同感。

在语言表达上，思政教育应避免刻板、教条化的语言，采用更加贴近大学生的表达方式，增强亲和力和感染力。教育者可以适当融入大学生喜闻乐见的新潮网络用语，使教学内容更加生动形象，拉近与学生的心理距离。例如，在讲解爱国主义、集体主义精神时，可以结合网络流行语进行解读，使学生在轻松的氛围中接受核心价值观的熏陶。同时，要注意语言使用的适度性，避免滥用过于随意、晦涩难懂或与思政教育目标相悖的网络语言，以防影响教育的严肃性和权威性。教育者需要在语言风格与教学目标之间保持平衡，既要让学生感受思政教育的温度，又要确保其思想内核的深度与严谨性。

高校还应当强化思政教育智媒平台的数据分析和反馈机制，确保教育内容的精准优化。通过大数据分析技术，系统可以对学生的学习行为、内容偏好、参与度等数据进行采集和分析，生成个性化学习报告，并据此优化推送内容，提供个性化学习路径。同时，建立开放式反馈通道，鼓励学生自主评价学习体验，并对平台内容、形式提出建议，以便教育者动态调整教育策略，提升思政教育的实效性。

（二）加强思政教育网络宣传建设

在高校思政教育体系的建设中，网络宣传作为新时代的重要传播手段，其作用日益凸显。高校应当充分利用新媒体技术，打造内容丰富、形式多样、互动性强的网络思政教育平台，以增强教育活动的吸引力，提高学生的参与度，使思政教育真正融入大学生的日常生活和学习，形成良好的思政认同和实践导向。

高校应确保网络宣传内容的丰富性和时效性，以满足大学生的多样化需求。在具体实践中，可以结合社会热点、时事政治、校园文化、学术研究等多元主题，使网络宣传内容与学生的思想认知紧密相连，提高其现实关联性。同时，高校应鼓励师生共同参与内容创作，让思政教育的传播形式更加贴近学生的语言风格与审美习惯，增强其亲和力与感染力。

高校应充分整合线上与线下宣传资源，构建多层次、立体化的思政教育传播体系。线上，可充分利用校园官方网站、微信公众号、微博、短视频平台（如抖音、B站）、虚拟现实（VR）技术等媒介，以动态化、可视化、互动式的传播方式提高信息的接收效率，增强受众的参与感。线下，可依托校园广播、宣传栏、电子屏幕、讲座论坛等传统宣传渠道，实现线上线下的有机结合，使思政教育覆盖更广泛的学生群体，形成全方位的宣传合力。

此外，网络思政教育不仅要注重内容的传播，还要加强对学生心理机制的正向引导。高校可以通过设置专题讨论、互动问答、思政微课等方式，激发学生的自主思考能力，使其在潜移默化中提升思政素养。同时，可融入游戏化学习理念，将思政教育内容融入趣味性、互动性强的游戏模块，如知识竞赛、线上挑战等，以增强学生的沉浸式学习体验，提升思政教育的吸引力和实际效果。

在网络思政教育的建设中，不仅需要关注传播形式的创新，也要加强内容管理和舆论引导。高校应建立健全网络信息审查机制，确保网络宣传内容的科学性、严谨性与正确性，防止不良信息对大学生思想观念产生误导。同时，应加强舆情监测，及时回应社会热点问题，引导学生培养理性思辨能力，培养他们正确的价值判断标准和良好的网络行为规范，使他们能够在复杂的网络环境中保持清醒认知，坚守正确的政治立场。

高校应充分发挥学生在网络思政宣传中的主体作用，鼓励学生积极参与网络思政教育平台的建设与管理工作。可组建网络思政志愿者团队、学生自媒体联盟等组织，培养一批具备较强网络传播能力和思政素养的青年骨干，使他们成为思政教育的"自我教育者、自我管理者、自我传播者"。同时，高校应加强对新媒体技术人才的发掘和培养，优化网络思政平台的功能设计，提升用户体验，使思政教育内容更加生动、高效，真正发挥网络宣传在新时代高校思政教育中的重要作用。

五、推动大学生柔性接受

提升大学生对思政教育的接受度，需要尊重大学生的需求，激发他们的学习热情，重塑他们的认知，培养他们的积极情感。[①] 在思政教育过程中，应秉持刚柔并济、以人为本的教育理念，以有效提升大学生对思政教育内容的接受程度。相较于传统的刚性灌输模式，柔性管理方式更强调教育的互动性、情感关怀以及个性化支持。新时代大学生在信息化、全球化的大背景下，思维模式更加开放，对知识的接受路径更趋多元化。因此，思政教育应减少过度的刚性约束和教条式灌输，转而采用驱动性、激励性、关怀性和非强制性的方式，引导大学生从被动接受转向主动认同。要实现这一转变，需要充分调动大学生的内在动机，增强其主体性，同时通过开放式、互动式的沟通交流机制，搭建师生、生生之间的有效对话平台，提高思政教育的针对性和实

---

① 张铭钟，杨兴. 大学生思政教育接受的心理机制和提升路径探析 [J]. 大学，2022（30）：97-100.

效性。同时，还需充分发挥学生干部队伍的桥梁作用，利用朋辈影响增强教育效果，使思政教育更具亲和力和感染力。

（一）激发大学生的内生动力

大学生的思政教育接受心理机制在很大程度上受个体内生动力的驱动，即他们对思政教育内容的认同感和主动学习意愿。因此，在思政教育过程中，必须注重激发大学生的自主学习动力，使其从被动接受转变为主动探究和内化认同。

首先，增强思政教育的现实关联性。大学生的思维模式更趋向理性，他们更容易接受与自身成长、社会发展以及未来职业规划相契合的教育内容。因此，思政教育应注重与社会实践的结合，使教育内容与国家发展、社会热点、行业趋势、个人成长相联系。例如，在课程设计中可引入真实案例分析、社会调研、企业参观、公益服务等活动，让学生在解决实际问题的过程中，加深对思政教育内容的理解和认同。

其次，建立激励机制，增强学生的学习成就感。大学生的学习动力往往受到外部激励机制的影响。因此，思政教育可以通过建立奖励机制、举办竞赛活动、构建荣誉体系等方式，提高学生的积极性。例如，可以设立"优秀思政论文奖""社会责任担当奖""思政实践之星"等荣誉称号，并将学生的思政学习成果纳入学分评定体系，鼓励他们积极参与。此外，可以在校园文化建设中融入思政教育元素，如利用校园广播，举办思政文化节、主题论坛等方式，增强学生对思政教育的亲近感。

最后，发挥朋辈教育的影响力。朋辈群体对大学生的价值观塑造具有重要影响。因此，在思政教育过程中，可以通过朋辈教育模式，促进学生在互动交流中共同成长。例如，可以组建学生思政社团、设立"思政先锋"学生组织、开展朋辈导师计划等，让学生在讨论、辩论、合作中共同进步。

（二）提升教师队伍素质

思政教育的有效实施离不开一支高素质的教师队伍。教师不仅是知识的传授者，更是学生思想的引导者，他们的教学理念、教学方式以及与学生的互动方式直接影响着思政教育的效果。因此，提升教师队伍的专业素养、教学能力以及育人水平，是促进大学生柔性接受思政教育的重要保障。

1. 加强教师的思政素养培养

思政教育教师必须具备扎实的政治理论功底和较高的政策理解能力，以确保授课内容的科学性、权威性和思想深度。因此，高校应定期组织教师进行政治理论学习、专题培训、政策解读等活动，帮助教师准确把握党的最新理论成果和国家发展方向，并将其有效融入课堂教学之中。

大学生更倾向于接受与现实生活紧密结合的思政教育内容。因此，教师应具备较强的社会观察力和实践研究能力。例如，教师可以结合当前国内外热点问题，运用案例教学、情境模拟、社会调研等方法，使理论知识变得更加生动鲜活。同时，鼓励教师深入社会、企业、政府机关等实践基地，开展实地调研，加深对社会现实问题的理解，并将实践经验转化为教学资源，使思政教育内容更具时代感和现实性。

2. 构建师生协同育人机制

除了课堂教学外，教师还应在课余时间与学生建立良好的互动关系，通过构建全方位的育人机制，让思政教育在日常生活中潜移默化地发挥作用。

（1）建立导师制。每位教师可以对接一定数量的学生，为他们提供个性化的学业指导、思想引导、职业规划建议等，增强学生对教师的信任感，使他们更愿意接受思政教育的引导。

（2）开展"思政教育工作坊"。通过师生共学、主题研讨、思想交流等活动，打造开放、互动的思政教育平台，让教师和学生自由表达观点，使教师在互动中更好地把握学生的思想动态，并进行有针对性的引导。

（3）加强跨学科合作，构建"大思政"体系。思政教育不仅是思政课教师的责任，还需要全校教师的共同参与。因此，可以鼓励不同学科的教师在课程中融入思政教育内容，如在工科课程中引入工程伦理，在经济学课程中融入社会责任，在文学课程中探讨爱国主义精神等，以此构建"全员育人、全程育人、全方位育人"的大思政教育体系。

第四章　教育心理学视角下的心理咨询与心理疏导

从教育心理学的视角来看，心理咨询与心理疏导着眼于学生的心理发展与情感需求，帮助他们在学业、人际关系等方面调节情绪、缓解压力。科学的心理评估和干预，可以促进学生的心理健康，提高他们应对挑战的能力。本章将主要论述心理咨询及其在思政教育中的功能、思政教育中心理咨询法的应用与评估、心理疏导与思政教育的关系及其应用的必要性，以及思政教育中心理疏导的应用策略。

第一节　心理咨询及其在思政教育中的功能

作为高校思政教育的有效实践方式，心理咨询在高校思政教育过程中发挥着重要作用。它不仅为高校思政教育的顺利开展提供良好的心理环境，而且是高校思政教育科学化的有效载体，是提升思政教育工作者素质的重要途径，更是全面推进素质教育的重要内容。①

一、心理咨询的方法、内容及途径

心理咨询有广义和狭义之分：广义的心理咨询包括心理咨询、心理治疗和心理测验三个方面；狭义的心理咨询仅指咨询师与求助者之间通过面对面交谈、电话、书信或网络等形式给予求助者一定的心理帮助，帮助其解决心理问题，促进其行为积极转变的过程。

---

① 闫婷婷. 高校思政教育中心理咨询功能及应用途径分析 [D]. 太原：山西师范大学，2013：4.

（一）心理咨询的方法

1. 精神分析法

精神分析法涵盖了多个维度，主要包括心理结构的深层次剖析、人格结构的三元划分、心理动力的动态探索、个体心理发展的阶段性理论，以及个体适应外界环境的心理机制。在治疗技术上，精神分析法运用了如催眠诱导、梦境解析、自由联想引导、阻抗与移情的细致分析，以及澄清与对峙等技术手段，旨在促进个体的心理成长与自我理解。

2. 认知疗法

认知疗法秉持开放包容的态度，广泛汲取各学科理论中的有益成分。该疗法以认知和行为技术为手段，旨在修正个体对特定情境的错误认知和观念，其理论基础在于情绪和行为深受认知过程的影响。认知疗法强调，通过调整认知结构的要素、优化认知逻辑、理顺认知阶段的内在联系，可以有效纠正心理问题，进而实现心理咨询与治疗的目标。

3. 人本主义疗法

人本主义疗法强调咨询师与来访者之间建立真诚、自由、平等的交流关系。在该疗法中，咨询师通过充分理解与同情来访者，帮助其探索并意识到自身问题及其深层根源，激发其内在动力去克服和解决这些问题。治疗过程从掌握真实经验出发，逐步找回失去的信心，鼓励来访者突破自我限制，最终培养起成长和自我实现的能力。

4. 行为主义疗法

行为主义疗法将心理学研究聚焦于可观察、可测量的行为上，与自然科学研究方法相契合。该疗法强调，个体出现异常心理现象的根本原因在于错误的学习方式和不良的行为习惯。因此，治疗的核心在于改变这些不良的行为模式。行为主义疗法涵盖了一系列具体技术，如系统脱敏、模仿学习、自我管理技术、厌恶疗法、角色扮演、放松训练、强化法等，旨在通过科学的方法促进个体行为的积极转变。

5. 森田疗法

森田疗法蕴含深厚的东方哲学底蕴，尤其是"顺其自然""无为而治"的治疗原则，在中国文化背景下展现出高度的适应性。该疗法的理论基础并非源自纯粹的理论推导，而是基于创立者自身对神经症困扰的深刻体验与总结。通过融合儒家思想、佛家禅学与现代心理学的智慧，森田疗法得以独创性地形成。此疗法对神经衰弱患者具有显著疗效，住院治疗过程通常分为绝对卧床期、轻工作期、重工作期以及实际生活期，旨在逐步引导患者恢复身心平衡。

（二）心理咨询的内容

心理咨询的内容广泛，就大学生而言，就业咨询、政策咨询、学业咨询、恋爱咨询、人际交往咨询等都属于心理咨询的范围。通常，心理咨询的内容分为以下三个层次。

1. 障碍性心理咨询

障碍性心理咨询专注于为存在心理障碍或心理疾病的个体提供专业服务。其核心在于帮助这些个体识别障碍的根源，深入分析病情，并据此制定有效的干预策略，以消除心理障碍，促进其心理健康发展。此处的心理障碍及心理疾病包括各类神经症、严重情绪问题以及其他精神健康问题。该领域深植于变态心理学、精神病学及心理治疗技术的理论基础之上，倾向于从医学视角介入，采用一对一的个体咨询模式，聚焦来访者的心理障碍及其成因，特别注重即时性、具体性和局部性的咨询目标的设定。

在实践中，准确的心理疾病诊断是工作的首要任务。对于超出心理咨询范畴的案例，需要及时转介至社会性心理咨询机构或精神病院，确保来访者获得适宜的帮助。基于准确诊断，咨询过程会探讨心理障碍的成因、评估病情严重程度，并实施相应的咨询与治疗措施。在高校心理咨询中，障碍性咨询扮演着解答学生学业与生活困惑、缓解烦恼与忧虑的关键角色，旨在提高学生的自我认知水平与问题解决能力，提升心理素质，激发内在潜能，促进个体的全面成长。此过程中，常运用心理疏导、情绪宣泄引导、专业心理治疗及行为矫正技术等多种方法和技术，以科学、系统的方式帮助来访者恢复与发展心理健康。

2. 适应性心理咨询

适应性心理咨询通过提供咨询与支持，帮助来访者克服因适应不良而引发的烦恼、忧虑及困惑，进而促进其在学习、工作及生活各方面的良好表现。适应性心理咨询的理论基础主要源自咨询心理学、发展心理学以及普通心理学，这些学科为咨询实践提供了丰富的理论支撑和方法指导。

在高校环境中，适应性心理咨询的方式灵活多样，既可采用团体心理辅导的形式，也可针对学生需求开展一对一的咨询服务。针对不同群体和特定阶段，可以设计并实施各类专题心理咨询活动，如针对新生入学的适应性问题提供专门咨询，或针对毕业生就业压力提供就业指导咨询等。当前，在我国高校的心理咨询服务体系中，适应性心理咨询占据重要地位，是促进学生心理健康、提升适应能力的重要途径。

3. 发展性心理咨询

发展性心理咨询聚焦于心理状态正常的个体，其核心理念依据不同个体身心发展的内在规律与独特性，针对生命历程中各阶段的任务及发展目标，提供针对性的心理辅导与支持。此服务旨在促进个体的智力发展、挖掘特长及潜能释放，帮助来访者更深入地认识自我与社会，塑造良好的个性心理品质及健全的人格结构，引导其向更优的方向发展，以更积极的心态面对生活。

发展性心理咨询的理论基础融合了发展心理学、教育心理学及心理辅导技术等多学科知识，这一特性决定了其实施主体不局限于专业人员，还可在专业人员指导下，由思政教育工作者、学生等非专业心理辅导人员共同参与。该咨询模式不仅关注来访者当前面临的问题与发展障碍，更将视野拓展至其未来长远发展，咨询目标具有前瞻性与全面性。发展性心理咨询强调助人自助，致力于教会来访者解决问题的方法，而非仅解决眼前困境。它将心理咨询与人的全面发展紧密相连，多采用个别咨询方式，但也可以根据实际需求，灵活开展团体心理辅导，以满足不同个体的成长需求。

（三）心理咨询的途径

目前最常见的心理咨询途径主要包括五种类型，分别是门诊咨询、书信咨询、电话咨询、网络咨询和宣传咨询。

1. 门诊咨询

门诊咨询是当前心理健康服务领域应用最为广泛且占据核心地位的方式。求助者需亲自前往心理咨询机构，与专业的心理咨询师进行面对面的交流。这种方式具有高度的针对性，咨询师能够全方位、深入地了解求助者的心理状态、行为反应及情绪变化。通过细致评估，咨询师能够迅速识别问题的本质及关键所在，运用专业知识与技能为求助者提供个性化的心理疏导和切实可行的建议，助力其克服困境，提升心理健康水平。

2. 书信咨询

书信咨询的独特之处在于求助者通过书信形式向咨询人员阐述自身问题，寻求专业帮助与指导。此方式操作简便，易于实施，且不受空间距离限制，适用范围广泛。尤其适合不擅长口头表达或个性拘谨的求助者。然而，书信咨询在时效性上存在不足，往往耗时较长，难以及时响应求助者的需求。同时，由于书面交流的局限性，咨询人员可能难以全面、深入地了解求助者的个性及问题细节。因此，求助者需要在书信中详尽描述自身情况，而咨询人员需要耐心、细致、真诚地回复，全面客观分析问题，提出针对性建议。

3. 电话咨询

电话咨询是咨询师通过电话这一即时通信工具，对求助者进行安慰、开导与劝告的方式。此方式以其方便性、灵活性、迅速性和经济性著称，相较于书信咨询，电话咨询极大地提高了咨询双方之间的沟通与交流效率。在紧急或突发情况下，电话咨询的优势尤为显著，它能够迅速响应，提供及时心理支持，有效缓解求助者的紧张情绪，甚至在一定程度上预防恶性事件的发生。因此，电话咨询在心理咨询领域中扮演着不可或缺的角色，为求助者提供了及时且必要的心理援助。

4. 网络咨询

网络咨询通过电子邮件、在线聊天工具及视频等多种形式，实现了咨询师与求助者的远距离互动与沟通。这种方式融合了书信咨询与电话咨询的优势，有效规避了二者的局限性，因此受到广泛欢迎。网络咨询不受时空束缚，便捷高效，成本低廉，且求助者的资料易于存储，交流过程便利，有助于提升咨询效果。其匿名性特点促使求助者能够敞开心扉，坦诚交流。然而，远距离沟通也增加了观察求助者变化的难度，且保密性问题仍是求助者关注的焦点，部分网站可能存在信息泄露的风险。

5. 宣传咨询

宣传咨询利用报纸、杂志、广播、电视等广泛覆盖的大众媒体平台，针对读者、听众、观众中普遍存在的、具有代表性的心理疑惑或典型案例进行深入剖析与解答。此方式受众广泛，影响深远，优质的栏目与节目往往能吸引大量关注。然而，宣传咨询也存在一定的局限性，即缺乏直接的双向交流机制。尽管其信息传播效率高，但在即时互动与个性化需求满足方面存在不足，这是未来发展中值得探索与改进的方向。

二、心理咨询与思政教育的联系与区别

（一）心理咨询与思政教育的联系

1. 心理咨询与思政教育的终极目标一致

高校心理咨询与思政教育，两者均聚焦于大学生这一群体，致力于人的全面发展。心理咨询不仅关注存在心理疾病或障碍的学生，更重视适应性及发展性咨询，旨在通过专业辅导，帮助大学生应对生活挑战，解决成长困惑，进而激发潜能，提升心理素质，促进人格的健全与完善。而高校思政教育的核心在于提升个体的思想道德水平，激励其为中国特色社会主义事业及共产主义的实现贡献力量。尽管两者侧重点不同，思政教育偏重思想品德的塑造，心理咨询着重于心理品质的培育，但在追求人的全面自由发展这一终极目标上，两者展现了高度的契合性。

2. 心理咨询与思政教育在原则和方法上具有相似性

高校心理咨询与思政教育，均面向大学生群体，注重与人的深度互动，因此在原则和方法上展现出显著的相似性。心理咨询遵循的保密性、发展性、指导性、整体性、一般与特殊相结合及启发性等原则，与思政教育的基本原则不谋而合。同时，两者均高度重视与学生之间的关系构建。在心理咨询中，良好的咨询关系是咨询成功的关键，要求咨询师展现热情、尊重、真诚、共情及积极关注的态度。同样，思政教育工作者也需建立和谐的师生关系，赢得学生的信任，确保教育的成效。

3. 心理咨询与思政教育在内容上有交叉，功能上互相补充

心理咨询与思政教育在内容上存在着交叉，两者相互联系、相互渗透。心理与思想作为个体内在世界的两个重要方面，相互影响、相互促进。大学生面临的诸多问题，如人际交往、情感恋爱、自我评价、学习动力与方法、考研就业等，既是心理咨询的专业范畴，也是思政教育的重要内容。这些问题在内容上难以完全分开，体现了两者的交叉性。同时，在功能上，心理咨询与思政教育呈现互补性。健康的心理状态为思政教育的有效接收提供了良好基础，有助于将教育内容内化为学生的信念并外化为行为。而思政教育能

引导心理咨询的方向，确保在培养学生健康心理的同时，促进其思想品德的积极发展。两者相辅相成，共同推动大学生全面发展。

（二）心理咨询与思政教育的区别

1. 心理咨询与思政教育的理论基础不同

心理咨询以心理学理论为基础，如精神分析、行为主义、人本主义和认知理论等，其本身不带有政治性倾向。然而，心理咨询并非完全超脱于社会，它在不同的国家、地区和制度下，往往会映射出该社会的主导价值观。我国的思政教育坚实地以马克思列宁主义、毛泽东思想和中国特色社会主义理论体系为指导，其政治性鲜明，直接服务于社会主义建设的宏伟目标。

2. 心理咨询与思政教育的具体目标不同

高校心理咨询与思政教育在终极目标上具有一致性，但两者的具体目标存在显著差异。心理咨询聚焦于个体层面，彰显出鲜明的个体性功能，其核心在于心理的调适、矫正及促进发展，尤为关注受咨询者的福祉。思政教育更侧重于发挥其社会性功能，致力于思政品德的提升、塑造及转变，工作重心在政治思想品德领域，更加重视社会整体利益和党的利益。

3. 心理咨询与思政教育的关注层次不同

心理咨询侧重于人的心理层面，其目标在于提升个体的心理健康水平，增强心理韧性，以及提高个体的社会适应能力，确保个体在心理层面保持健康状态，以更好地应对生活中的各种挑战。思政教育主要聚焦于人的思想层面，其核心任务在于进行世界观、人生观、价值观的系统性教育，旨在提升个体的思政觉悟和道德品质，塑造符合社会要求的价值观念。

三、心理咨询在思政教育中的功能

（一）心理咨询是提升思政教师素质的重要途径

高校思政教师的能力与素质直接影响教学活动的成效与质量。教师要想有效引导学生，必须具备更深厚的学识与修养。大学生作为接受高等教育的专门人才，文化素质较高，这对高校思政教师提出了更高的要求。

目前，高校心理咨询队伍中，思政教师占据较大比例，这一现状凸显了将心理咨询融入思政教育的迫切性与重要性。因此，对于高校思政教师而言，深入掌握心理咨询知识并提升自身心理素质,是将心理咨询有效引入思政教育领域的重要前提条件。具体而言,教师需要系统学习一系列基础心理学知识,包括但不限于普通心理学、发展心理学、教育心理学、变态心理学、咨询心理学、人格心理学以及医学心理学,同时,还需熟练掌握各类咨询技巧及心理测量工具的使用方法。如此,教师才能在实际工作中灵活自如地运用心理咨询的策略与技巧,充分发挥心理咨询在思政教育中的积极作用。

学习心理知识对于思政教师而言,不仅是提升工作实效性的需求,更是完善他们个人知识结构、提升身心素质的重要途径。心理咨询工作对从业者的心理素质提出了更高要求,因为需要面对各类来访者的心理问题,所以必须具备强大的心理承受力与调节能力。此外,心理咨询是在社会道德规范框架下进行的实践活动,要求思政教师必须及时了解党和国家的相关路线、方针及政策,准确领会并执行相关文件精神,具备前瞻性与敏锐的视角。这一过程对于提升教师思政素质和道德素质大有裨益。

心理咨询建立在无条件积极关注的基础之上,咨询师的一言一行对来访者具有深远影响,甚至可能成为其模仿的典范。因此,作为咨询师的高校思政教师,应高度重视自身世界观、人生观、价值观的培养与体现。在帮助大学生解决身心问题、促进其成长的过程中,咨询师的自身素质也能得到潜在的提升与完善,实现教学相长。

(二)心理咨询是思政教育科学化的有效载体

1. 优化高校思政教育的结构

(1)拓宽高校思政教育的领域

高校思政教育工作是一项复杂的系统工程。面对社会环境、学校氛围及家庭背景日益多元化与复杂化的现状,高校思政教育亟需对学生开展全面而深入的素质教育与培养。传统的思政教育侧重于学生政治素质、思想素质及道德素质的塑造,着重政治观念灌输、辩证唯物主义教育、社会道德规范引导及法律意识培养等宏观层面。然而,心理咨询作为提升学生心理健康的有效途径,对于弥补思政教育在心理健康教育方面的缺失具有不可估量的价值。因此,高校思政教育应充分重视并发挥心理咨询的作用,以拓宽思政教育的领域,促进学生的全面发展。

(2)丰富思政教育的内容

传统高校思政教育内容的构建,主要基于社会需求,致力于培养具有坚定理想信念及正确世界观、人生观、价值观的道德典范。其内容体系涵盖政治观、世界观、人生观、价值观以及以爱国主义、集体主义为核心的道德观教育，强调规范性与约束性，侧重协调学生与社会及他人的关系，要求学生秉持社会及他人利益至上的原则。然而，这种教育模式在促进学生个体发展、自主精神及创新意识方面略显不足。心理学，尤其是心理咨询的融入，为这一现状带来了转机。心理咨询强调对现实的无条件积极关注，重视学生学习心理、人际交往心理、个性心理及健康心理的培育，与思政教育形成有益补充。其引入不仅为大学生提供了提升社会适应能力和心理健康的知识，还有效解决了他们在日常学习及生活中遇到的诸多心理困惑，如环境适应、学业竞争、人际交往压力、情感困扰及就业选择等问题。

心理咨询在高校思政教育中的应用，不仅丰富了教育内容，使其更加贴近大学生的生活实际，还促进了大学生的全面发展和人格完善，为思政教育的实施奠定了坚实的心理基础，成为高校思政教育不可或缺的重要组成部分。

2. 提高高校思政教育的实效性

（1）提高高校思政教育的科学性

心理咨询的原则与方法正逐渐融入高校思政教育的实践之中，为其科学性的提升提供了重要支撑。从方法论层面审视，传统高校思政教育侧重理论传授、实践锻炼、自我反省、榜样引领、比较辨析及心理辅导等多种手段。心理咨询秉持"以人为本"的理念，侧重从学生的心理需求出发，多维度分析其深层思想与心理动态，把握学生个性心理特质，从而精准地掌握思想演变规律，有效解决学生面临的问题。心理咨询强调激发学生内心的潜能，鼓励学生自主解决心理问题，在心理疏导的基础上有效化解思想难题，显著增强了思政教育的科学性。

从关系构建角度看，传统思政教育中的师生关系往往呈现不平等状态，教师占据主导地位，学生处于被动接受的位置，学生的主体性受到抑制。相比之下，心理咨询强调与咨询者建立平等、信任的互动关系，遵循尊重、积极关注、真诚、热情、共情的原则，要求咨询师深入体验咨询者的心理感受，以全面理解其思想、行为与动机，避免急于对问题下定论，而是与咨询者共同探索问题根源及解决策略。这种关系模式使思政教育更加贴近学生情感，做到以情感人、以理服人、以行导人。此外，心理咨询中的认知理论、行为治疗技术、精神分析理论的自由联想与解释技术、人本主义的以人为中心疗法、森田疗法等，以及心理测量技术，均为高校思政教育提供了丰富的理论与方法资源。将这些理论与方法引入并适当改进，为高校思政教育注入新的活力，推动其科学性迈上新台阶。

（2）提高高校思政教育的针对性

高校思政教育的针对性在于精准施策、因材施教，依据学生的具体情况灵活应对，这与心理咨询的精髓不谋而合。在心理咨询中，教师凭借专业的技巧，能在较短时间内深入了解学生的心理特征。一方面，通过系统的心理咨询过程，思政教师不仅能把握大学生普遍的身心状态和思想动态，更能深入挖掘他们的情绪反应、情感倾向以及气质类型、性格特征等深层信息。基于此，教师能有针对性地调整教育策略。例如，对开朗外向的学生采取较为直接的教育方式，对内向敏感的学生则采用更为温和、细腻的劝导方法。另一方面，心理咨询为教师提供了了解学生心理需求的窗口，从学生的实际需求出发，精准解决其心理困惑，及时发现并解决学生面临的问题，使思政教育真正触及学生心灵深处。心理咨询的融入，使高校思政教育能以多样化的内容和形式，满足不同学生的个性化需求，既有效应对普遍性问题，又针对性促进大学生个性成长，实现了群体教育与个别教育的有机结合，显著提高了教育的针对性和实效性。

（3）提高高校思政教育的预见性

心理咨询作为心理健康教育的重要组成部分，其预见性功能不容忽视。高校思政教育通过运用心理测验、心理诊断等科学方法，能够客观、全面地了解学生的心理状态，及时捕捉潜在的心理问题。同时，定期开展的心理普查工作，如同心理健康的"晴雨表"，能够准确反映学生的心理变化，为早期干预提供有力依据。如此，心理咨询不仅提高了高校思政教育的预见性，更为有效防止恶性事件的发生筑起了一道坚实的心理防线。

（三）心理咨询为思政教育顺利开展提供了良好的心理环境

1.显著提升大学生的身心素质

开展大学生心理咨询工作，是全面洞悉并遵循大学生心理发展规律的重要举措，为提升大学生心理素质提供了科学依据和实践路径。系统性的心理教育干预，不仅能够促进大学生形成健全的心理结构与积极的心理状态，还是他们有效接纳并内化思政教育内容的关键前提。大学生群体普遍存在不同程度的心理健康问题，这一阶段作为人生旅程中的关键转折点，是心理健康维护的重点时期，其复杂性可从内在身心特质与外部环境两个方面进行深入分析。

从内在身心特质来看，大学生年龄多在 18 ~ 22 岁之间，这一阶段的显著特征是生理机能达到高峰，各系统功能日趋完善，心理发展则呈现出矛盾性与过渡性。此时期，大学生情绪与情感体验异常强烈，表现出易变性、波动性的特点，竞争意识、理想主义倾向以及相对较弱的心理韧性，使得他们面对外界刺激时，容易产生剧烈的心理波动。情感丰富而不稳定，内心世界细腻复杂，加之心理成熟滞后于生理成熟，这些因素共同作用导致大学生情绪波动频繁，情绪冲突频发。

大学生正处于社会化需求激增的阶段，他们渴望融入社会，获得社会的认同与接纳。然而，理想与现实之间的鸿沟、期望与现状的矛盾，往往使大学生陷入困惑、无奈乃至无助的心理困境，伴随而来的无意义感的侵袭，使他们的自我认知在自卑与自负之间摇摆不定。

从外部环境来看，大学生作为承载社会及家庭高度期望的特殊群体，被视为国家未来的希望，成长环境相对优越，缺乏应对生活挫折的经验。同时，他们身处改革开放深入发展的市场经济时代，经济全球化、政治多极化、文化多元化以及信息技术的迅猛发展，构成了前所未有的复杂多变环境。社会环境变化、家庭结构调整、校园文化多元化以及就业市场竞争加剧等因素交织在一起，极大地增加了大学生的心理负担，易引发心理失衡，对其身心健康构成严重威胁，进而影响他们的全面发展。

鉴于此，心理咨询工作的有效开展尤为重要。心理咨询不仅能够帮助大学生建立正确的自我认知，提高心理调适能力，还能够通过专业的心理辅导，教授应对压力的策略，提升情绪管理能力，促进人际关系和谐发展。同时，心理咨询还能够为大学生提供一个安全、支持的倾诉空间，帮助他们有效处理成长过程中的困惑与挑战，增强其心理韧性，为面对未来社会的复杂挑战奠定坚实的心理基础。

2. 促进高校思政教育的内化

一个人的思政品质与心理健康状态之间存在着紧密的内在联系，这种联系源于心理与思想的相互作用和影响。

心理是对外部客观世界的主观能动反映，思想则是客观存在在人脑中经过思维加工后的反映。心理构成了思想的基础，二者的形成和发展过程具有内在统一性。一方面，无论是健康人格的塑造，还是高尚思想品德的培育，都是个体知识、情感、意志、需要、动机、性格等多种心理因素相互作用的结果。因此，加强心理咨询，注重学生良好心理素质的培养，有助于更深入地把握学生思想意识的形成、发展和变化规律，为思政教育的有效实施提供坚实的心理支撑。另一方面，思想作为心理现象的高层次组成部分，其形成过程是一个从实践到认识，再到实践的多次反复过程，是实现由感性认识到理性认识飞跃的心理历程。高校思政教育工作者的核心任务，是引导学生确立正确的思想观念和价值意识，帮助他们顺利跨越这一心理发展阶段。心理因素对思想的发展变化起着制约和影响作用：健康的情感是高尚道德感形成的基础，个体的需要和性格影响着其思想内容和气质，气质制约着思想的表现形式。

在思政教育过程中，必须充分重视心理的作用，大力发挥心理咨询的功能，将社会道德规范转化为个体内在的需求，将新的道德要求内化为个体的品德和行为，使其成为个体自身道德品质的一部分。只有这样，才能为思政教育的深入实施奠定坚实的基础，促进其内化过程的顺利实现。

第二节　思政教育中心理咨询法的应用与评估

高校思政教育需要融入心理咨询法，遵循心理咨询的基本原则，建立完善的保障体系和教育实施评估方案，以提高思政教育的科学性和实效性。

一、思政教育心理咨询法的应用

（一）完善大学生心理健康教育的认知体系

1. 增强大学生对心理健康教育的认识

增强大学生对心理健康教育的认识，关键在于各相关方面转变传统观念，深入理解心理健康教育的必要性和重要性。高校应当充分认识到心理健康教育对于促进大学生心理健康、提高社会适应能力，以及推动其文化、专业、心理、身体素质全面发展具有不可估量的价值。同时，高校需明确心理健康教育不仅是一种实践策略，更是一种心理观念和教育思想的体现，是高等教育中素质教育不可或缺的组成部分。心理健康教育作为一门科学，深入探究人类思维模式、情绪情感产生及变化的机制，基于理论研究成果，有针对性地指导教育实践，有效帮助学生预防心理困扰，调整心理状态，构建和谐的师生心理互动模式。此外，应准确辨析心理健康教育与心理咨询、心理辅导、心理档案管理之间的差异与互补性，积极响应并执行教育部关于加强大学生心理健康教育的相关指导意见，全面提升心理健康教育工作的实效性与针对性。

2. 培育大学生对人生观的正确认知

思政工作不仅要解决人们的政治思想问题，还要培养人们拥有健康的心态，在人生道路上树立正确的人生观、价值观，接受现实中的自己。为此，应从以下三方面着手。

（1）树立正确的人生观

人生观是个体对人生本质、目的、价值及意义的根本看法，其形成与发展深受特定社会阶级、意识形态及社会历史条件与关系的影响。在人生的实践过程中，人生观逐渐形成，并与个体的世界观相互制约，共同影响人的思想行为。不同社会背景或阶级归属的个体，其人生观呈现出不同的色彩。

对于正值人格塑造关键时期的大学生而言，其思想观念尚未定型，易受外界环境影响。因此，树立正确的人生观对于维护大学生心理健康至关重要。只有秉持正确的人生观，大学生才能以健康的心态审视周围事物，客观公正地评价一切，从而有效预防心理问题的产生，为自身的健康成长与发展营造良好的环境。

（2）正视自我、接受现实的自我

大学生在自我认知的过程中，往往面临多重视角的冲突。一方面，过度理想化的自我认知可能导致大学生对自身评价过高；另一方面，过于自卑的认知则可能让大学生低估自身的潜力。正视自我、接受现实的自我，要求大学生在不断调整与适应中，形成对自身的真实评价。

面对自我认知的复杂性，大学生应当学会在理想与现实之间找到平衡，既不过度追求完美，也不陷入自我否定。通过对自身优点与缺点的全面审视，大学生能够更清晰地认识自己的长处与不足，从而在成长过程中做出理性决策，避免不切实际的幻想或过度的自卑情结。勇于面对现实，并接受这一过程中的挑战，是大学生心理成熟的重要标志。

（3）确定合理的抱负水平

大学生在追求个人发展的过程中，确立合理的抱负水平是实现自我价值和目标的重要前提。抱负作为驱动大学生不断前行的动力，其水平不应过于偏离现实，否则会导致目标过于理想化而难以实现；也不应过低，以致无法激发足够的动力和激情。因此，确定合理的抱负水平需要大学生对自身的清晰认知，以及对外部环境和自身所处实际情境的理性分析。

合理的抱负水平应是基于大学生现有能力、资源和环境条件的合理评估，并在此基础上设定既具挑战性又可实现的目标。过高或过低的抱负水平都会影响大学生的心理状态与行为趋向，前者可能导致挫败感与自我否定，后者则可能使大学生陷入停滞不前的状态。因此，大学生需要在追求理想的过程中，具备调整和适应的能力，灵活调整自己的目标与计划，以更好地应对内外部挑战。思政教育的一个核心任务就是帮助大学生认识到抱负的确立不仅是对未来的期许，更是对自身能力与局限的深刻理解。通过科学、合理的目标设定，大学生能够在理想与现实之间保持平衡，激发出持续的动力，推动其全面发展，从而在未来的社会实践中更好地实现自我价值。

（二）建立思政教育应用心理咨询综合保障体系

1. 完善心理咨询工作的规章制度

在高校思政教育中，心理咨询工作的成效直接影响学生的心理健康与思政教育的质量。当前，心理咨询工作仍存在一些问题，尤其是在服务流程和工作量的规范化方面有待加强。为确保心理咨询工作的科学性和规范性，必须进一步完善相关规章制度。加强制度建设，不仅能有效提升心理咨询服务的质量，还能发挥其在高校思政教育中的积极作用。

（1）明确咨询人员的职业道德和工作规范

明确心理咨询人员的职业责任与行为规范，是保证咨询工作质量的基础。制定严格的职业道德条款，可以促使心理咨询人员自觉遵守职业操守，增强责任感和使命感。同时，明确工作规范，规定咨询工作的流程与标准，确保每个咨询环节都符合规范要求，避免出现随意性和不规范操作。此外，完善的职业道德规范还能够有效减少伦理冲突，保护咨询对象的隐私和心理安全，进一步提升心理咨询工作的可信度与专业性。

（2）提升心理咨询人员的专业素质

高校应加强心理咨询人员的专业培训与资格认证，确保其具备扎实的理论基础和实践能力。应建立健全的考核与评估体系，通过理论考试、实践能力考核等多方面的评价，确保心理咨询人员的专业水平达标。专业知识考核不仅应关注理论学习成果，还应综合考虑咨询经验和工作效果，以更全面地反映咨询人员的综合素质。此外，严格执行考核制度，避免不具备资质的人员从事心理咨询工作，进而提高服务的专业性与科学性。

（3）提升心理咨询人员的科研素养

心理咨询不仅是经验性的工作，更是一个充满科学探索的领域。只有通过不断地理论创新与实践总结，才能推动心理咨询服务的进步与完善。因此，高校应鼓励心理咨询人员积极从事科研活动，加强个案研究、实验研究等项目的开展。通过科研项目的申报与立项，学校可以为咨询人员提供更多的学术支持与实践机会，促进其理论水平和科研能力的提升。同时，科研活动还能够帮助咨询人员在实践中发现问题、总结经验，为心理咨询工作的创新提供理论支撑。

（4）完善心理咨询工作量的考核制度

合理的工作量评估与激励机制，能够调动咨询人员工作的积极性，保障心理咨询服务的顺畅开展。定期的工作量考核不仅可以有效掌握咨询人员的工作状况，还能根据需求调整资源分配，优化服务流程。

2. 建立心理咨询的督导制度

心理咨询的质量不仅依赖于咨询师的专业知识和经验积累，还需要外部的专业支持和指导来保障服务的科学性和有效性。在国内外心理咨询实践中，督导制度作为提升咨询质量和促进咨询人员成长的关键环节，发挥着至关重要的作用。

心理咨询工作具有较强的专业性和复杂性，尤其是在高校环境中，咨询师面临的个体差异大，心理问题也呈现多样化。因此，建立系统化的督导制度能够帮助心理咨询师有效应对工作中遇到的各种复杂情况。督导制度的核心功能是通过资深专家的指导，使咨询师不断提升专业技能和工作技巧，确保为学生提供高质量的心理咨询服务。定期的督导不仅能够帮助咨询师对咨询过程中出现的问题进行反思和调整，还能够促进其在技术、理论和实践能力上的综合提升。

心理咨询工作常常伴随情绪波动，咨询师在帮助他人解决心理问题的同时，也可能面临巨大的心理压力。督导制度有助于为咨询师提供必要的情感支持和心理调适。通过定期的督导，咨询师可以在专业导师的引导下释放压力、排解负面情绪，从而保持良好的工作状态和心理健康。此外，督导过程中的团队交流与分享也能够增强咨询师之间的联系和支持，促进经验的传递和共享。

督导制度的实施有助于推动心理咨询工作的持续改进和发展。通过定期总结和回顾心理咨询的成果，督导人员可以对咨询过程中的成功经验和不足之处进行分析，并为咨询师制订合理的改进计划。在这一过程中，督导不仅是技能的传授，更是对心理咨询理念的深化和创新。通过长期的督导实践积累，高校心理咨询工作的整体水平将逐步提升，为学生提供更加专业和精准的心理支持。同时，督导制度的完善也能够促进心理咨询理论和实践的融合，推动心理学学科的发展和进步。

3. 规范高校心理咨询管理体系

高校心理咨询工作在当前的教育体系中扮演着至关重要的角色，尤其在思想道德教育的框架内，它不仅有助于学生心理健康，还能有效促进其道德素养的提升。为实现这一目标，规范高校心理咨询管理体系显得尤为迫切。规范化管理不仅能够提高心理咨询服务的效率和质量，还能够保障其长效运行和健康发展，从而推动高校思想道德教育的整体进步。

（1）加强政府教育部门的指导与支持

教育管理部门应当积极出台相关政策，对高校心理咨询活动进行有效管理，并提供必要的资金和资源支持。通过明确心理咨询在高校各项工作中的重要地位和作用，教育部门能够更加重视高校的心理咨询工作，并促使高校将心理咨询工作纳入学校综合评价体系。这种宏观管理和政策引导能够确保高校心理咨询活动在实践中有序推进，并在提升学生心理健康水平和道德素质方面发挥更大的作用。

（2）加强心理咨询工作的内涵建设，增加相关设施和资源投入

高校应积极投入资源，确保心理咨询工作的顺利开展。这包括基础设施的建设、人员的配备、经费的保障、仪器设备的投入等方面。尤其是在经费和物力投入上，学校应当根据心理咨询的实际需求进行合理安排，为心理咨询活动的开展提供强有力的保障。此外，学校还应通过设置专门的心理咨询机构和管理机构，确保其运行的规范性和系统性。通过这些手段，高校能够为学生提供专业、高效、持续的心理支持系统，为心理健康教育和思想道德

教育的结合奠定坚实的基础。

（3）对心理咨询人员进行专业化管理

为了确保心理咨询服务的质量，高校必须对心理咨询从业人员进行严格的资格认证和业务培训。制订专业的培训计划、考核标准和持续进修机制，确保咨询人员不仅具备心理学专业知识，还能够熟练运用心理咨询技能，应对复杂的学生心理问题。同时，应当通过学术研讨、实践培训、案例分析等多样化的学习方式，帮助心理咨询人员不断提高业务水平。这不仅能够提升咨询师的个人专业素养，还能够通过集体的力量推动整个心理咨询队伍的专业化发展。

（4）注重对心理咨询工作效果的评估与反馈

高校应将心理咨询工作的开展情况纳入学校学生工作、思政教育和办学质量的考核体系，定期评估其在学生心理健康促进和道德教育提升方面的作用。这一评估过程不仅能够为学校提供改进心理咨询工作的新思路和新措施，还能够为政策的调整与资源的重新配置提供依据，从而确保心理咨询工作的持续改进和发展。

4. 构建家庭、学校、社会联动体系

在高校学生心理发展过程中，家庭、学校与社会的互动协同尤为重要。家庭环境对学生心理状态的形成与发展起到了基础性和决定性作用。学生身上出现的心理问题，往往都能在一定程度上反映出家庭教育某些方面的缺失。因此，构建家庭、学校、社会联动体系，形成多方协作的良性互动，对促进学生心理健康具有重要意义。

（1）家庭

家庭作为学生成长的第一个社会环境，对学生心理健康具有基础性影响。在学生心理特点的初步塑造过程中，父母的教育方式、家庭氛围以及父母的心理健康状况对子女的影响深远。家庭不仅是子女获得情感支持的来源，也是其社会化过程中价值观、行为习惯和情感管理的首要场所。家长的教育观念、亲子关系的质量以及父母的沟通方式，均能显著影响子女的情感发展和心理状态。因此，构建家庭与学校、社会有效联动体系，需要提升家长的教育素养，增强家长的心理健康意识，帮助家长树立科学的教育理念和方法，形成有利于子女心理健康成长的家庭环境。

（2）学校

学校作为学生重要的社会化环境，其作用不言而喻。学校不仅是知识传授的场所，也是学生情感发展、心理健康培养的重要平台。在学校的心理咨询服务体系中，教师和心理咨询师的角色至关重要。学校应构建专业的心理辅导团队，为学生提供及时的心理支持，并在日常教育中融入心理健康教育内容，引导学生正确面对学习、生活中的压力和挑战。同时，学校应与家庭保持密切联系，通过定期的家长会、心理健康讲座等方式，帮助家长了解学生的心理需求，形成家校协同的教育合力。

（3）社会

社会环境作为影响学生心理健康的重要外部因素，特别是在现代信息化和社会快速变革的背景下，社会风气和文化氛围对学生的心理状态有着深远的影响。社会的价值观、文化传递方式以及对心理健康的重视程度，都会直接或间接地影响学生的心理建设。因此，社会各界应当共同努力，提高对学生心理健康的关注度，建设更加支持学生心理发展的社会氛围。政府、社会组织及媒体等应加大心理健康宣传力度，倡导积极、健康的社会观念，营造支持学生心理发展的良好社会环境。

5.加强思政教育心理咨询的宣传力度

（1）提升认知，强化重视

在当今高校中，心理咨询工作存在宣传和认知不足的问题。尽管心理健康问题日益受到关注，但大多数学生对学校心理咨询中心的存在、功能及服务内容知之甚少，遇到心理困扰时往往选择隐忍或回避，而非寻求专业帮助。因此，高校亟需加强相关宣传和引导，提升学生对心理咨询的认知和重视程度。

由于心理咨询工作的宣传力度不足，许多学生对学校心理咨询中心的具体信息缺乏全面了解，甚至没有意识到该中心的存在。为此，学校应当加强宣传渠道的建设，利用多种媒介如校园广播、网络平台以及印刷材料等形式，定期且系统地向学生传递心理咨询相关知识。通过这些宣传，学生能够了解心理咨询的基本流程、服务内容以及相关资源，消除其对心理咨询的误解和畏惧。

同时，改变学生对心理咨询的回避心态，从提高认识和消除偏见入手。心理咨询不应当被视为"特殊群体"的专属服务，而应当成为所有学生的常规选择，成为他们应对学业压力、情感困惑及人生挑战的一种有效资源。只有通过细致入微的宣传，才能真正让学生理解心理咨询的积极作用，并主动寻求专业支持。在此基础上，学校领导和相关职能部门应当进一步重视心理健康工作，提升心理咨询服务的可见度和可达性。学校不仅要完善硬件设施，还应优化软件服务，确保心理咨询服务高效、及时地满足学生的需求。同时，学校领导应以身作则，积极参与相关活动，通过创意互动等方式，调动师生参与心理健康活动的积极性，营造浓厚的心理健康氛围。

（2）加大宣传力度，开展各项咨询活动

心理咨询作为高校新兴服务领域，许多学生对其的存在和功能缺乏足够的认识。受传统观念的影响，学生在面对心理问题时往往不会主动寻求咨询，而是选择隐忍或依赖其他途径。同时，社会对心理咨询的误解与偏见也使学生羞于寻求帮助。

学校应加大心理咨询服务的宣传力度，采用多渠道、多形式的方式，广泛普及心理健康知识，提高师生对心理咨询的认识。学校可以通过校园广播、专栏文章、宣传海报等形式，向全体学生展示心理咨询的必要性与可行性，提升学生对心理咨询的理解与接受程度。同时，定期举办心理健康讲座、互动活动等，让学生更全面地了解心理咨询的功能、优势及其在处理学业压力、情感问题等方面的积极作用。

为了确保心理咨询服务的顺利开展，学校还需提供充足的场地、设备及经费保障。这些物质支持将为心理咨询活动的开展提供稳定的基础，使其能够高效、有序地服务学生。通过全面加强宣传工作并持续推动各项咨询活动，学校可以逐步改变学生对心理咨询的观念，促进其更好地融入学生的日常生活，为学生在心理健康方面提供切实的支持。

二、思政教育心理咨询法的评估

思政教育心理咨询法的评估是根据咨询教育目的的要求，运用一定评估方法检查和评定心理咨询效果的教育环节。它实际上是对思政教育心理咨询活动的价值判断过程。评估应采取合适的方式，促进思政工作朝着正确的方向发展。但是，它有着自身的局限性，其有效性更多的在于针对思政教育实践过程中遇到的各种实际问题提供解决办法。因此，必须合理分析并认清思政教育面临的困境和原因，并联系当前中国所处的实际情况、社会大环境和教育背景，以实现思政教育评估的特殊使命为指引，拓展评估的可能实现措施和功能，进而建立具有自身特色的评估体系和评估指标体系。

（一）思政教育心理咨询的评估意义

在新时代的高校思政教育体系中，心理咨询不仅是一项辅助性措施，更是提升学生综合素质的重要途径。心理咨询评估，不仅能够帮助学生明确在思政教育中存在的心理问题，还能够为教育工作者提供改进策略，有效促进教育目标的实现。

思政教育心理咨询的评估有助于准确识别和分析学生在思政教育过程中的心理发展状况。高校学生在面临思政教育时，存在思想认同、价值观塑造以及心理素质等方面的差异。通过评估，教师可以系统地了解每一个学生在思政教育中的心理动态与需求，为开展个性化教育提供依据。

引入评估机制有助于优化思政教育心理咨询的工作方式与方法。当前，尽管高校普遍设有心理咨询机构，但其实际效果常受多方面因素制约，尤其是专业性和方法科学性方面。评估机制的引入，可以促使思政教育心理咨询工作更加规范化、专业化，进而提升其针对性与实效性。通过定量与定性分析，评估能揭示教育过程中的优势与不足，为教师提供反馈，帮助其不断调整策略，确保教育活动的优化升级。

评估工作还具有反馈功能，能对咨询工作者的工作绩效进行科学评价。通过对思政教育心理咨询工作者的绩效评估，高校管理层可以做出更科学的决策，包括人员配置、培训需求以及工作改进等方面。评估结果不仅能够揭示教育工作中的具体问题，还能够为政策制定提供反馈，推动教育管理机制的创新与完善。

（二）思政教育心理咨询的评估方案

要使思政教育评估指标体系科学化、特色化、实用化，仅考虑我国当前国情还不够，还应该加强对思政教育效益的评估，建立详细的评估方案，考虑长远目标和长远利益，使我国思政教育评估体系具有更高的时效性。应建立综合、多层次的绩效评估指标体系，切实做到定性与定量的相结合、一般性指标与专业性指标相结合，避免绩效评估指标与职能、岗位等职责脱节。

1. 思政教育心理咨询的评估目的

评估的根本目的是对思政教育心理咨询活动的各项指标进行价值判断，确保其能够有效促进个体的心理发展，进而提升个体的社会适应能力。心理咨询法在思政教育中的应用，直接影响教育对象的心理结构与思想态度调整，因此评估工作至关重要。评估不仅要关注心理咨询法解决具体心理问题的效果，还要考察其在思政教育目标实现中的实际效果。

在思政教育心理咨询活动中，评估对象并非仅限于咨询工作者本身，更多的是对教育过程及各个环节的全面分析。这不仅包括思政教育活动的内容与形式，还包括思政教育所依赖的社会环境、文化氛围及其发展趋势。评估过程应准确把握心理咨询法应用的动态变化，灵活应对教育对象心理特征变化，确保教育活动在心理咨询法的引导下沿着科学、有效的方向发展。

思政教育心理咨询活动中的各类条件因素必须纳入评估范围。这些条件因素既包括心理咨询活动本身的实施状况，也包括外部社会环境、政治氛围、经济发展等因素对评估结果的潜在影响。在当前复杂多变的社会环境中，思政教育的开展是社会环境与教育活动互动的产物。

评估的目的应注重对思政教育活动长远效果的预判。心理咨询法的应用不仅是对当前教育活动的反馈与调整，更应着眼未来社会发展的需求和人才培养的长远目标。在新时代背景下，思政教育的目标不仅是传授知识与技能，更重视培养具备社会责任感、批判思维与创新精神的全面发展人才。心理咨询法的评估应从社会整体需求、人才发展多维度出发，对教育活动的潜在影响进行深刻剖析，确保其推动思政教育在长远目标上的实现。

2. 思政教育心理咨询的评估原则

（1）定性与定量相结合的原则

在思政教育的心理咨询评估中，定性评估主要通过对教育对象的特性与内在属性进行全面分析，从而得出关于其心理状态、行为特征和情感倾向的深入理解。此类评估着重于揭示客体的深层次因素和整体动态，强调对个体心理结构和心理过程的全面把握。定量评估则通过对相关心理数据的量化分析，提供关于教育对象心理状态、行为表现等方面的具体数据支持。它能够通过数字化的形式呈现教育对象的量化特征，使评估结果更为明确和可操作，为教育干预提供依据。

定性与定量评估并非孤立存在，而应形成有机统一。唯物辩证法认为，量与质是统一的矛盾体，二者相辅相成、互为依存。在思政教育的心理咨询评估中，定性评估提供了评估对象的全面背景和深层次动因，定量评估则确保评估结果的科学性和精确性。因此，在实际评估过程中，应根据具体情况合理融合两者，从而构建全面且科学的评估体系。

（2）主体与客体相统一的原则

思政教育心理咨询中的主体为教师或心理咨询者，客体为接受教育和心理咨询的个体或群体。两者虽然在功能和角色上有所不同，但存在着紧密的联系和互动。主体不仅在评估过程中起主导作用，还通过自身的认知与情感反应影响客体的心理状态和行为表现。同时，客体的需求、心理特点以及教育反应也反过来影响主体的教育方法和策略。因此，主体与客体的关系是动态的、双向的，体现了思维与行动的相互转化。

在思政教育心理咨询的评估过程中，必须立足于这种辩证统一的视角，综合考虑教育主体与客体之间的互动关系。在评估主体时，不仅要关注其知识储备、教育理念、沟通技巧，还应关注其心理素质、情感状态以及教育方法的灵活性和适应性。对于客体的评估，不仅要聚焦其心理特征、情感需求和认知模式，还应深入剖析其在接受教育过程中的反馈与变化。

评估主体与客体的统一性，要求在分析教育对象的心理状态时，既要对其外在行为进行客观评价，又要充分关注内在心理动因的变化。只有运用这种全方位、多维度的评估方法，评估者才能更准确地把握思政教育心理咨询的实际效果，并为后续教育干预提供有力的理论支持和实践指导。

（3）静态与动态相结合的原则

在思政教育心理咨询中，静态与动态相结合的评估原则强调对教育过程及其效果的全面分析，既注重成果评价，也关注过程变化。这一原则体现了教育评估的辩证思维，强调静态评估与动态评估的相互补充与协同作用。

静态评估侧重于对思政教育过程中所设定的目标达成情况和结果进行评价。通过对已完成教育目标的测量，静态评估能够提供对教育成效的直观反馈，帮助评估者识别哪些教育方法和策略在特定情境下取得了预期效果。静态评估的优势在于其客观性与可操作性，能够通过明确的指标进行有效的量化分析，使评估者对教育成果作出准确判断。然而，思政教育本身是一个动态的过程，涉及个体心理的逐步变化与思想的长期积淀。因此，动态评估在这一过程中尤为重要。动态评估侧重于对教育过程中的每一阶段进行观察与分析，及时反馈学生在思想、情感及行为等方面的变化，从而帮助评估者深入理解教育过程中潜在的问题与发展趋势。

结合静态评估与动态评估，教师不仅能够全面评判思政教育的最终效果，还能揭示其在实践过程中的深层次影响，确保评估过程的科学性与全面性。通过这一综合评估方法，教师能够及时调整策略，更好地引导思政教育活动的深入发展，最大化地发挥评估功能的实际价值。

3.思政教育心理咨询的评估内容

思政教育心理咨询的应用路径评估，依据实践论的动态发展可以简单归纳为：某些机构或部门对咨询运用心理学的主要方法、对象及相关方面的现实情况和要求进行评估的实践管理活动。这是一个包含多种条件要素的系统化工程。思政教育心理咨询法的应用评估主要包括以下内容。

（1）思政教育的评估主体

思政教育评估主体的作用在于确保评估过程的全面性、科学性与公正性。评估主体通常分为管理主体与操作主体。管理主体承担着评估体系的宏观设计与指导职责，负责设定评估标准、制定评估策略、确保评估活动的顺利实施，并对评估结果进行最终的反馈与审定。操作主体是评估过程的具体执行者，负责根据既定标准和方法开展具体评估工作，包括收集数据、分析信息并提供评估报告。管理主体与操作主体的协作，确保了思政教育评估的精准性与操作性的统一。评估主体的多元化和职能的细化，有助于全面深入地反映思政教育的实施效果，促进教育目标的达成。

（2）思政教育的评估客体

思政教育评估的客体根据评估范围的不同，可分为特殊客体和一般客体两类。特殊评估客体通常指思政教育中的某一具体领域或专项，如思想观念、德育效果、心理发展等。这类客体侧重于对某一特定方面的深入评估和剖析，旨在通过细致的考察和反馈，提升该领域教育的针对性与时效性，确保教育活动能够与时俱进，持续优化。一般评估客体关注思政教育活动的整体发展状况，包括教育成果、教学条件、资源配置等多个层面的综合评估。这一层面的评估强调从全局视角出发，探讨教育实践中的系统性变化与长期效果，以促进思政教育的全面提升。

（三）思政教育心理咨询的评估步骤

1.目标评估

目标评估是目标管理的核心环节，旨在对各个阶段的工作及成果进行全面考核，为目标的实施提供有效反馈与指导。通过对目标管理过程的系统评估，管理者能够准确掌握实施过程中的成效，为未来的目标设定和管理提供数据支持与改进方向。目标评估不仅是对结果的检验，更是对整个过程的反

教育心理学视角下的思政教育创新与发展

思与分析。它通过对目标达成度的定量或定性测量，揭示出实施过程中可能存在的偏差或不足，进而帮助优化管理策略。在思政教育领域，目标评估通常采用行为目标模式，侧重于通过实际效果来评定目标的达成情况，并通过反馈信息进行修正和调整。此种评估方法不仅有助于了解既定目标的实现程度，也为进一步提高教育质量和管理水平提供了重要依据。因此，将目标评估贯穿于整个管理过程，形成循环反馈机制，对于提升工作效率和实现持续改进具有重要的理论和实践价值。

2. 过程评估

过程评估是对特定过程或规划实施情况及其效果产生机制的深入探索。其核心在于分析政策或规划的实际投放过程，核实是否按计划有效地传递至目标受众。通过收集反馈信息并进行系统的分析与综合，过程评估能够揭示实施过程中的关键环节及其成效，为后续的优化提供有力支持。在思政教育中，过程评估不仅需要对教育活动本身进行审视，还要考虑教育对象的需求与社会价值观的差异。与传统的绩效评估不同，思政教育的过程评估更侧重于行为规范和教育标准的符合度，而非单纯衡量个体诉求的满足程度。在这一过程中，评估的尺度应当更多地基于思政教育的特殊使命和工作规范，而非单一的个体需求。这种评估模式有助于准确把握思政教育活动的实施效果，为政策的调整与完善提供系统的理论支持和实践指导。

3. 结果评估

结果评估是对预期目标达成度的衡量，是质量控制的重要手段，也是评估工作成效的关键环节。通过结果评估，评估者可以有效识别活动过程中存在的问题，并根据评估结果进行调整，以提高整体工作质量。在思政教育领域，结果评估具有显著的定量与定性特征，能够全面评定教育工作者的能力、素质以及在特定时期内的贡献。科学规范的评估流程能够帮助相关人员明确思政教育的职能和责任，从而优化教育实践的实施。结果评估不仅关注最终目标的达成，还涉及教育活动中的各个行为规范和实践要求。合理开展结果评估，需先清晰划分每一阶段的职能与任务，准确识别各部门在不同阶段中的责任，从而为目标的达成提供有力支持。因此，结果评估是推动思政教育工作持续改进的核心工具，为优化教育实践提供了理论依据与实践指导。

第三节　心理疏导与思政教育的关系及应用必要性

一、心理疏导与思政教育的关系

（一）心理疏导与思政教育的目标一致

心理疏导与思政教育是两个不同的领域，但它们在目标上具有高度的一致性，均致力于促进大学生的全面发展，特别是在人格塑造和心理健康培养方面。思政教育的核心目标是"立德树人"，即通过系统的教育和引导，培养具备社会责任感、道德素养和心理健康的新时代人才。它不仅关注知识的传授，更注重人格的塑造和思想的引领，强调个体内在的道德修养与社会责任感的培养。而心理疏导的重点在于通过专业的心理干预手段，帮助大学生有效解决心理问题，提升其自我认知与情感调节能力，进而促进其心理健康和人格的健全发展。尽管两者在方法和途径上有所不同，但其最终目标都是为了培养具有良好心理素质和道德品质的全面发展型人才。这种双向互动的教育模式，既能让大学生在思想上形成正确的价值观，又能让他们在心理上获得足够的支持与调整，为其长远发展奠定坚实基础。

（二）心理疏导促进思政教育的内化

随着社会环境的变迁和大学生个体发展需求的多元化，心理疏导在思政教育中的作用日益凸显。心理疏导不仅是对大学生心理问题的及时干预，更是推动思政教育内化的关键环节。传统的思政教育模式往往侧重于知识的传授与思想的外在传达，较少关注个体的情感需求和心理状态，使得教育效果容易停留在表面。而心理疏导通过关注个体的心理困扰和情感需求，教师能够更准确地把握学生内心世界的变化，从而为思政教育提供更加有针对性的支持。通过专业的心理疏导，学生不仅能够有效处理情绪困扰，调整心理状态，还能在此过程中深入理解和接受思政教育的核心理念，将其转化为内在的价值观和信仰体系。因此，心理疏导不仅是思政教育的有力补充，更是其内化过程的促进者，帮助大学生将正确的思想理念和价值追求内化为自觉行动。

（三）思政教育为心理疏导提供价值支撑

思政教育为心理疏导提供了坚实的价值支撑与理论框架。随着社会快速发展和大学生心理健康问题的日益凸显，单纯的心理疏导难以满足个体的全面发展需求。在此背景下，思政教育的介入为心理疏导的实施提供了更为明确的价值方向与社会目标。思政教育强调培养大学生正确的世界观、人生观和价值观，不仅能够帮助学生树立积极的心态，增强面对挑战的心理韧性，还能在心理疏导的过程中，引导学生形成符合社会主流价值的心理认知和行为模式。因此，思政教育的核心理念为心理疏导提供了一个更为清晰的价值导向，使心理疏导不再局限于停留在情绪调节层面，而是扩展为促进大学生心理健康与价值观内化的综合性过程。同时，思政教育的结合也丰富了心理疏导的内容和手段，通过教育与疏导的有机结合，不仅提升了大学生的心理素质，也增强了其对心理疏导的认同感和主动性，进而推动了心理疏导的育人效果不断深化与提升。

二、心理疏导在思政教育中应用的必要性

大学生正处于成长发展的关键时期，这一阶段非常容易出现心理冲突和思想问题，因而高校需要及时给予适当的帮助和引导。高校思政教育是大学阶段的关键环节，融入心理疏导机制可有效调整学生的心理状态，使其精神世界变得更加丰富多彩，实现其文化品质及综合素养的提升。[①]

（一）帮助思政教育完成新任务

新时代的大学生面临着复杂多变的精神需求，他们更关注自我实现、价值体验以及精神层面的满足。当前，大学生群体在信息时代和全球化背景下成长，他们的思想观念和价值取向更加多元，常常处于精神需求的高度敏感状态。思政教育需要及时了解并准确把握大学生的思想动态，尊重他们的精神诉求，同时通过心理疏导为其提供有效的心理支持。这不仅能够促进大学生树立积极健康的思想观念，还能帮助他们处理心理困惑、化解情绪压力，提高他们应对复杂社会环境的能力。

受突发公共卫生事件等社会变化的影响，大学生的思想观念和价值追求出现了一定程度的波动。尤其是在面对社会不确定性时，部分大学生滋生了及时行乐的价值观，忽视了长远发展与人生追求。这一现象反映了大学生在

---

① 朱玉. 心理疏导在大学生思政教育中的重要性 [J]. 才智，2022（33）：19-22.

思想和心理尚未完全成熟的阶段，容易受到外部环境的影响，进而产生不稳定的心理状态。在这种背景下，思政教育必须及时介入，运用心理疏导的方式，引导大学生正确认识自我、认识社会、认识未来，帮助他们树立正确的价值观，设定积极向上的人生目标。只有这样，大学生才能在不确定的社会变革中稳定内心，保持理性与远见，为实现个人的全面发展和社会的共同进步奠定坚实的基础。

新时代的主要矛盾要求大学生具备更高的社会道德感和责任感。在全球化和信息化日益发展的今天，大学生必须具备理性思维，能够理性看待问题、发现问题并解决问题，同时具备符合时代要求的社会思想道德品质。心理疏导能够帮助大学生正确认识自我，发现自身思想和行为中的不足，在思政教育的指导下，培养出崇高的社会责任感、积极的社会行为和较高的心理素质。通过心理疏导的帮助，大学生在面临社会压力和个人困惑时，能够更加理性地处理各种问题，从而在社会主义建设中发挥重要作用。

（二）为学生提供理性和清晰的价值引导

新时代的复杂局势为大学生的思政教育带来了更加严峻的挑战。随着科技革命的深入发展和全球政治经济的快速演变，大学生所处的环境日趋复杂。特别是在国际形势动荡的背景下，大学生经历了前所未有的压力与不确定性，往往产生心理困惑与情绪波动，焦虑、恐惧和迷茫等负面情绪成为普遍现象。这些情绪如果不及时得到疏导，可能会阻碍大学生的思想成熟，影响其理性思考能力。因此，思政教育必须与心理疏导紧密结合，通过帮助大学生调节心理状态、提高情绪管理能力，为他们提供更为理性和清晰的价值引导。

科技进步带来的信息爆炸和人工智能的普及，虽然为大学生提供了便捷的学习工具和广阔的创新空间，但也在一定程度上削弱了他们独立思考和自主学习的能力。人工智能技术的广泛应用加速了信息流通，同时，虚假息和不良言论也随之泛滥，影响大学生对社会和世界的理性认知。面对这种复杂局面，思政教育必须结合心理疏导的力量，帮助大学生建立正确的信息筛选与价值判断机制，提高其辨别是非、理性判断的能力，避免受到不实信息的干扰，培养他们坚定的社会主义信念和正确的世界观。

心理疏导的介入不仅有助于改善大学生的心理健康状况，还能够促进他们更加理性地看待国家发展的机遇与挑战。在新时代，大学生不仅要面对个人成长中的困惑与挑战，还要肩负起时代赋予的民族复兴重任。引导他们在全球变局中看到国家发展的机会，增强对国家未来的信心，是思政教育的一项重要任务。通过心理疏导，大学生可以更好地认识自身的社会责任，调动积极性和创造性，立足当下，展望未来，形成主动迎接挑战的心态并设定坚定的奋斗目标。

心理疏导对于高校的和谐稳定建设也具有重要意义。在充满不确定性的时代，大学生群体的情绪和心理波动可能影响校园的整体氛围和社会秩序。因此，通过心理疏导引导大学生调整心态、稳定情绪，有助于推动高校思政教育的顺利开展，进而促进立德树人根本任务的实现。心理疏导为大学生提供了一个自我认知与自我调节的渠道，帮助他们在复杂的社会环境中找到内心的平衡和力量，最终成长为有理想、有责任、有担当的社会主义建设者和接班人。

（三）为大学生的全面发展提供支持

新时代大学生所处的复杂环境和面临的巨大社会压力，使他们的心理健康问题成为迫切需要关注的课题。经济全球化、社会信息化以及文化多元化等因素的综合作用，使大学生的价值观、人生观和世界观面临严峻考验。心理疏导可以帮助学生有效缓解压力、化解内心矛盾、克服成长过程中的困惑与迷茫，从而在思政教育的框架下，培育出健康的心态与坚定的理想信念。

心理疏导有助于大学生树立正确的三观。现代社会对大学生的要求不局限于知识层面的提高，还要求他们具备健全的人格和增强社会适应能力。面对经济与社会环境的快速变迁，大学生容易出现情绪波动，并承受较大心理压力，严重时可能会影响他们的学习效率和社会适应能力。心理疏导能够有效地帮助学生调整心态，树立正确的世界观、人生观与价值观，确保他们在不断变化的社会中保持坚定信念、明确与目标，始终走在正确的道路上。

心理疏导在大学生思政教育中的应用，还能够帮助他们培养积极的品质与良好的社会责任感。大学生作为未来的社会中坚力量，其综合素质的提升对国家的发展至关重要。心理疏导不仅可以提高他们应对压力的能力，还能帮助他们克服焦虑、恐惧等负面情绪，保持积极向上的人生态度。通过心理疏导，大学生能够在面对挑战时保持内心的平衡，增强自信心，提高执行力，进而培养出更加健全的人格和强烈的社会责任感，为实现中华民族伟大复兴贡献青春力量。

总之，心理疏导为大学生的全面发展提供了重要保障。新时代对大学生的要求不再局限于学术成绩，更加注重心理素质的提升。心理疏导能够促进大学生的心理健康，降低因精神压力过大而引发心理疾病的风险，为他们的身心健康提供全面保障。在此基础上，大学生能够更好地发挥创新能力，拥有更强的社会责任感，承担起新时代赋予的历史使命。

第四节　思政教育中心理疏导的应用策略

心理疏导兼具心理辅导教育和思政教育的双重功能，是传统思政教育工作的拓展和创新，也是思政工作以人为本的具体体现。将心理疏导法应用于大学生思政教育，为思政教育工作提供了新的着力点。[①]

一、发挥大学生的主观能动性

（一）增强大学生心理疏导的主体意识

教育的主体在教育过程中十分重要，思政教育想要充分发挥心理疏导的作用，必须增强大学生的主体意识，积极调动大学生的参与感，培养大学生对心理疏导的正确认知，使他们在没有心理压力的情况下，主动寻求心理疏导，及时解决自身出现的问题。

1. 尊重大学生的主体地位

大学生作为具有独立思考能力、个性化价值观以及强烈主体意识的群体，其思想和行为的塑造不应仅依赖外部灌输，而应充分考虑他们内在的需求与自主性。在思政教育的过程中，教师应当以尊重和理解为基础，树立平等、民主的教育理念，避免传统的单向灌输模式，确保大学生在教育互动中积极参与、表达观点、达成共识。

尊重大学生的主体地位，意味着教师要真正从大学生的角度出发，认识其个体差异与发展需求，注重培养其批判性思维与独立精神。教育的目的是帮助大学生在自主探索中提升自我认知，明确个人价值与社会责任，从而实

①刘襄辰. 将心理疏导法应用于大学生思政教育的价值与实现理路 [J]. 三角洲，2024（11）：148-150.

现思想认同与价值升华。教师应通过平等对话、引导和互动，推动大学生思维方式的转变，并尊重其自我判断与独立选择的权利。

2.提升大学生自我认知能力

自我认知是大学生理解自身优劣势、明确自我定位的基础，也是其形成自主思想、独立价值观的重要前提。在思政教育的过程中，提升大学生的自我认知能力有助于他们更准确地评估自身的心理状态、情感需求和社会角色，从而为进一步的思想教育和行为调整提供有力支持。

提升自我认知能力要求大学生主动反思自己的内在需要、情绪波动及行为背后的动机。这一过程需要教师提供适当引导和心理疏导，通过科学的教育方法帮助大学生正确识别自身的情感倾向与认知盲点，实现对自我的全面、客观认识。在此基础上，大学生能够更清晰地认识自我发展中的优势和不足，明确个人长远目标与价值追求。

思政教师应采用个性化的引导方式，帮助大学生挖掘内在的潜力和优势，增强其自信心与自我效能感。通过促进大学生自我意识的觉醒和自我认知能力的提升，教师不仅能够引导他们树立正确的价值观，还能够激发他们积极应对生活挑战、解决问题的主动性。这一过程有助于大学生实现更深层次的自我价值认同，并在未来的社会生活中展现出更为坚实的个人素养与责任感。

（二）纠正大学生对心理疏导的偏误认知

许多大学生对心理问题持有恐慌和回避的态度，往往将自身的情感困扰和心理问题视为难以启齿之事，甚至对心理问题存在误解，认为心理问题等同于个人的弱点或缺陷。这种认知误区导致大学生在面临心理困扰时，常选择隐忍或自我隔离，致使情绪问题逐渐恶化，进而影响学习和生活质量。因此，需改变这种偏误认知，通过思政教师的引导，强调心理健康与身体健康同等重要，帮助大学生树立正确的心理健康观念，消除对心理问题的恐惧和偏见。

部分大学生对高校心理疏导服务持怀疑态度，认为这种服务只是流于形式，无法提供实质性帮助。同时，还有学生担心个人信息泄露和隐私被侵犯，认为接受心理疏导可能影响自己的日常生活和人际关系。这种偏见源于对心理疏导的误解和信息不足，为此，教师应采取一系列措施，如加强心理疏导相关知识的普及，通过线上线下多渠道宣传心理疏导的重要性和有效性，并明确心理疏导过程中的保密原则，增强大学生的信任感，消除其心理顾虑。

为有效纠正大学生对心理疏导的偏误认知，高校思政教师应定期组织心理疏导活动，提供一个开放、包容的交流平台，让大学生在相对安全的环境中分享心理困扰，借鉴他人解决问题的经验，从而消除孤独感，增强心理疏导的社会认同感。同时，针对群体性心理问题，应开展有针对性的讲座和工作坊，培养大学生处理心理问题的能力，引导他们积极寻求专业帮助。通过这些系统化的教育措施，大学生能够逐步认识到心理疏导的重要性和实用性，学会以更加理性和开放的态度面对自己的心理健康问题，从而提升自我认知和心理素质。

（三）加强大学生自我教育能力的培养

自我教育不仅是大学生调整内在心理和行为的基础，更是他们在面对社会问题与个人挑战时，能够自主思考、解决困境的重要能力。在思政教育的过程中，提升大学生自我教育能力，不仅有助于其内在动机的转化，还能促使其在复杂的社会环境中具备自我调适和自主发展的能力。

思政教师应为大学生树立科学、合理的自我教育理念。自我教育的核心不在于单纯的自我批判或反思，而是在理性引导下，通过自我分析与判断，形成更为准确的自我认知。教师应为大学生提供明确的评价标准和发展路径，引导他们认识自我教育的多维度特性，包括情感调节、价值观塑造、行为修正等层面。在这一过程中，教师应注重培养大学生的批判性思维和问题解决能力，使其在遇到复杂的社会现象和个人困惑时，能够理性分析、有效应对。

思政教师应关注大学生自我教育的外部实践环节。外部实践活动是大学生自我教育内化并最终外化的重要途径。通过参与各类实践活动，大学生不仅能够检验自己的理论认知和行为模式，还能及时发现并弥补自身的不足，形成积极的自我教育循环。教师应引导大学生在实践中不断反思和修正自己的认知与行为，促使其形成更为完善的自我教育体系。这一过程的核心是通过实践将内在自我认知与外部环境进行对照，使大学生在实际行动中不断完善自我，提升综合素质。

二、提升教师的专业素养

（一）提高思政教师心理疏导专业能力

思政教师是大学生思想、道德、政治、品质及心理健康等方面的引导者，他们的专业水平及言行举止直接关系到大学生良好思想行为、健康心理状态及正确政治方向的形成，也关系到高校能否完成"立德树人"的根本目标，为我国培养更多优秀的社会主义建设者和接班人。

1. 加强思政教师的心理学理论基础

心理学理论是教师实施有效教学的基础，也是应对学生心理问题的关键工具。然而，当前许多高校在教师心理学知识的培训中，往往侧重于理论的讲解与浅层次的普及，缺乏深度培养教师在实际教学中应用心理学原理的能力。为了提升思政教师的专业水平，必须加强其心理学基础理论的系统学习，特别是在情绪管理、认知调节和行为矫正等方面的应用，使教师能够在教学中更加敏锐地识别学生的心理需求并作出有效反馈。定期的理论培训和实践指导能够帮助教师建立起更为科学的心理疏导体系，提升其在教育过程中的心理干预技巧，从而更好地服务于学生的思政教育工作，推动高校思政教育的全面发展。

2. 提高思政教师的大数据应用能力

随着信息技术的迅猛发展，大数据已成为精准识别和分析学生心理及思想动态的重要工具。为了有效发挥大数据在思政教育中的作用，必须提升教师在数据收集、分析和应用方面的专业能力。这需要通过系统的培训，使教师熟练掌握数据采集、处理和分析的基本方法，提高其在教学中的数据敏感性和应变能力。应鼓励教师在教学实践中创新性地运用大数据，不局限于传统的教学评估，还应通过数据驱动的方式制定个性化的教育策略，提升教育内容的时代性和针对性。通过构建具有互动性和吸引力的数据驱动型教学模式，思政教育可以更加精准地把握学生的思想动态，进一步提高教育的针对性和实效性，推动教育效果的全面提升。

（二）提升辅导员在心理疏导领域的专业素养

辅导员作为大学生思政教育的重要实施者，不仅承担着日常管理和教育任务，还在心理疏导和人生指导方面发挥着不可替代的作用。随着社会和教育环境的变化，大学生的心理健康问题日益突出，辅导员的心理疏导能力直接影响学生的心理发展和思政教育的效果。

辅导员的心理疏导专业素养的提升，必须建立在系统的心理学理论学习基础之上。辅导员需全面掌握心理学的基础理论，了解大学生常见的心理问题及其成因，熟悉相关的心理疏导方法和技巧。这要求高校在辅导员的岗前培训和在职培训中，增加心理学课程的比重，强化心理疏导的实践训练，确保辅导员具备解决实际问题的能力。同时，高校应注重培养辅导员理论与实践结合的能力，鼓励他们在日常工作中应用心理学原理，运用科学的方式处理学生的心理问题。

辅导员的心理疏导能力不仅依赖于理论知识的掌握，更需要丰富的实践经验。在日常工作中，辅导员应深入了解学生的心理需求，与学生建立信任关系，形成有效的沟通机制。辅导员应通过倾听、疏导和引导等方法，帮助学生解决思想困惑与心理问题，引导其树立正确的价值观和人生观。为此，高校应鼓励辅导员加强与学生的互动，了解学生的个性特点、思想动态和情感需求，及时发现并化解学生可能存在的心理危机。

辅导员心理疏导专业素养的提升，必须结合高校的整体发展需求和学生群体的实际情况，采取具有针对性和时效性的心理疏导方法。高校应定期组织辅导员参与心理学专业讲座和培训，邀请专家开展案例分析与互动式教学，帮助辅导员更新其心理疏导的知识和方法。此外，辅导员应积极与心理健康教育部门协作，学习并运用先进的心理疏导技术和工具，提升整体辅导能力。

辅导员心理疏导能力的提升，离不开高校对其持续支持和专业发展的重视。高校应在制度层面为辅导员的专业成长提供保障，建立完善的职业发展路径和激励机制，激发辅导员的工作热情和学习动力。通过不断的培训与实践，辅导员将能够不断提升其心理疏导水平，进而为学生的心理健康、思想发展以及全面素质的提升提供更有力的支持。

（三）提升思政教师良好的心理素质

作为高校思政教育的主力军，思政教师不仅承担着学科知识传授的任务，更肩负着学生心理健康引导和思想观念培养的重任。教师心理素质的高低，直接影响其在面对学生思想变化、心理波动和教育压力时的应对能力。良好的心理素质使思政教师能够在日常教学和心理疏导中展现出积极的情感力量，为学生营造更加健康和稳定的成长环境。

提升思政教师的心理素质，应当注重系统性培养。高校应定期开展心理素质评估，及时了解教师在教学和科研压力下的心理状态，尤其要关注教师在面对学生思想波动和心理困扰时的心理调节能力。通过评估，高校管理者能够发现教师在工作中可能存在的心理负担，并为其提供有针对性的心理疏导与干预措施，防止因压力累积影响教育教学效果和教师自身心理健康。

高校应当注重教师之间的互动与交流。定期开展教师研讨会和工作坊可以促进教师之间的经验交流与思想碰撞。这样的互动不仅有助于教师拓宽视野、提升教学水平，还能有效缓解教师在教学、科研及育人工作中可能面临的压力。教师在交流中能够分享教育实践中的困惑和解决方案，增进相互理解，增强团队合作精神，形成积极健康的工作心态。

　　高校可以通过组织心理拓展活动，帮助教师增强团队意识与责任感，培养积极向上的人生态度。心理拓展活动通过挑战性任务和团体合作，不仅能够增强教师的心理韧性，提升其面对压力的调适能力，还能在集体活动中加深教师之间的情感联系，增进相互支持和鼓励。这样，教师能更好地理解学生的心理需求和思想动态，在教育过程中更加得心应手，提供更有针对性和实效性的思政教育。

三、强化教育环境的保障机制

（一）构建朋辈心理互助机制

　　构建朋辈心理互助机制是高校思政教育心理疏导育人的有效途径，大学生作为年龄相仿的群体，很容易找到志同道合、兴趣相投的朋友，容易产生共鸣并相互影响。高校思政教育应充分挖掘大学生群体中的教育资源，构建朋辈互助机制，促进大学生全面健康发展。

　　1. 构建朋辈心理互助队伍

　　线上朋辈心理互助队伍的构建是现代高校心理健康服务的重要补充。通过互联网平台，如校园社交软件和心理健康 App，高校可以迅速搭建起广泛的互动空间，使学生在任何时间、任何地点都能获得及时的心理支持。在此基础上，应针对不同年级和心理需求的学生群体，建立专门的互助小组，实现个性化的心理支持服务。

　　线下朋辈心理互助队伍的建设有助于增强学生群体的凝聚力与归属感。设立朋辈心理互助社团，组织定期的团体活动与心理辅导课程能够促使学生之间建立更加紧密的联系，增强相互的情感支持与心理疏导效果。在集体活动中，学生不仅能通过分享个人经验来解决心理问题，还能够通过参与团队协作培养自我调节能力与心理韧性。线下活动为学生提供了安全的社交空间，使他们在面对心理压力时，能够找到志同道合的朋友，形成有力的心理支持网络。

2.发掘朋辈榜样力量

朋辈榜样不仅能为大学生提供精神引领，还能通过实际行动进行示范，激发学生的内在动力，形成积极的群体心理效应，从而促进集体主义精神的培养和社会责任感的增强。

选择具有时代性的朋辈榜样至关重要。在当下这个信息爆炸的时代，大学生接触到的思想观念和价值取向日新月异。因此，榜样的选择应紧跟时代潮流，体现出对现代社会需求的理解与回应。过于陈旧的榜样事例可能无法引起学生的共鸣，反而可能削弱教育效果。思政教师应根据大学生的生活环境、成长背景以及时代特征，精心挑选具有时代特色的榜样，增强榜样故事的现实感和认同感。

发掘身边的榜样更具实效性。大学生群体具有较强的集体意识，身边的优秀人物更容易激发他们的学习动力和效仿意愿。从学校内部选拔具有较高社会影响力和优秀品德的学生作为榜样，可以增强榜样的真实性和亲和力。大学生更容易与身边的榜样产生情感共鸣，这种近距离的榜样效应能够更直接地影响学生的价值观和行为模式，激发他们向优秀看齐的热情。

榜样的多样性是培养学生综合素质的关键。大学生群体具有较强的个性和自主意识，思政教师应根据不同学生的兴趣、需求以及成长阶段，选择具有多样化特征的榜样。这些榜样可以涵盖学术研究、社会服务、创新创业等多个领域，满足学生多样化的价值追求，提升榜样的吸引力和教育效果。多样化的榜样展示能够帮助学生构建多维度的社会认知，促进其全面发展。

（二）健全高校长效保障机制

1.建立学生心理预警机制

当前，大学生面临着多元文化和不同社会思潮的冲击，思想呈现出复杂多变的特点，加之突发公共卫生事件的影响，在一定程度上改变了大学生的思想、心理和行为习惯，增加了他们的焦虑感。建立大学生心理预警机制，完善高校思政教育心理疏导工作路径，是保障大学生心理健康的重要举措。

（1）建立心理数据库

在当前高校的心理健康管理体系中，建立心理数据库是一种有效的管理与干预手段。虽然许多高校已开展新生入学心理问题调查问卷，并定期进行心理测评，但现有的问卷内容及形式往往枯燥、冗长，导致学生参与度不高，影响测评结果的准确性。因此，高校应当创新心理测评方式和内容，采用更加灵活、符合大学生心理特点的评估工具，提升测评效果与学生的参与积极性。

心理测评的内容和形式应更加多样化，且具有针对性。高校应根据不同年级、专业以及大学生的心理需求，设计差异化的测评项目，确保评估结果的全面性和深度。通过创新的测评方式，如情景模拟、互动式问卷等，引导大学生在参与中深度思考，更好地认识自己。

心理数据库应当根据评估结果进行动态管理，及时筛选出存在心理风险的学生数据，并进行跟踪和干预。这种数据驱动的管理模式能够使思政教育和心理疏导更加精准，确保心理支持和辅导工作有的放矢，达到更好的教育效果。通过建立完善的心理数据库，高校能够实现对学生心理状态的实时监控和科学分析，促进学生心理健康的长期、稳定发展。

（2）利用大数据构建大学生心理预警平台

大数据技术的应用能够从多个维度全面收集大学生的心理动态信息，弥补传统心理测评手段在覆盖面和时效性上的不足。通过对大量数据的采集与分析，教师能够有效识别大学生潜在的心理问题，实现心理问题的早发现、早干预。

借助大数据平台，高校还能够对互联网舆情进行实时监测。大学生在网络上的言论和行为往往是其心理状态的外在体现。通过对网络舆情的追踪与分析，教师能够及时发现可能影响学生心理健康的负面信息或社会事件，并采取有效措施进行化解。这样，大学生在面对网络负面舆论时，不仅能够得到及时的心理疏导，还能够避免负面影响蔓延，从而维护校园的和谐与稳定。

2. 构建师生长效沟通机制

师生之间平等的沟通关系是构建有效疏导机制的前提。高校思政教师应注重尊重学生个体差异，在沟通过程中倾听并理解学生，避免采用过于单一的教育模式和方法。通过与学生充分交流，教师能够更清晰地了解其内心需求，进而采用适合学生情况的疏导方法，高效帮助学生解决心理困扰与思想疑惑。

现代互联网技术的发展为构建师生长效沟通机制提供了有力的支持。通过建设在线平台，高校能够打破传统沟通的时空限制，为学生提供更便捷的心理疏导渠道。对于存在"社交恐惧"或不愿面对面沟通的学生而言，线上平台提供了一个相对轻松和匿名的交流环境，有效降低了心理疏导的心理门槛。同时，教师通过线上平台与学生即时沟通，不仅可以提高思政教育心理疏导的效率，还能更快速地解决学生的问题，及时引导学生树立正确的价值观和人生观，促进其心理和思想的健康发展。

3. 优化教育效果评估机制

教育效果评估机制是推动思政教育心理疏导工作科学化的重要内容，也是实现有效育人的核心环节。

（1）丰富教育评估方法

传统以成绩导向的评估方法无法全面反映学生的学习过程与心理发展状况，因此，应综合运用多维度的评估工具，如定期的素质测评、行为观察等，全面了解学生的认知水平、情感态度与行为习惯。针对不同学科领域的教学目标，可以采用多样化的评估形式，帮助教师更加准确地把握学生的学习进度与思想动态。评估方法应具有前瞻性与指导性，通过持续地跟踪与反思，及时调整教学策略，促进学生的全面发展。

（2）优化教育评估内容

评估内容应全面覆盖教育目标。思政教育不仅关注学生的知识掌握程度，还应注重其思想观念的塑造和行为规范的培养。因此，评估内容应从知识、能力、情感和价值观等多个维度进行综合考量，全面反映学生的成长轨迹与变化过程，避免单一指标的局限性。评估应注重教育实践的反馈机制，通过反馈数据不断优化教学策略和内容设置。同时，评估过程应包括对教学方法、课堂互动、教育氛围等因素的考量，以便精准了解教育实施的实际效果与学生的实际需求。此外，评估内容还应关注教师的专业发展与心理素质，因为教师的心理健康与情感管理直接影响教育效果的实现，良好的教师心理状态能够在潜移默化中对学生产生积极影响。

第五章　教育心理学视角下思政教育方法创新

教育心理学作为一门新兴的交叉学科，为思政教育提供了新的理论支撑和实践路径。借鉴心理学理论和研究成果，可以更加深入地了解学生的心理发展规律和个性特征，从而创新思政教育方法，提高教育的针对性和实效性。本章将重点探讨心理育人视角下思政教育方法的创新、群体心理视角下思政教育方法的创新和认知心理视角下微信思政教育的创新。

第一节　心理育人视角下思政教育方法创新

"三全育人"是新时代围绕立德树人的中心任务提出的育人模式，包括全员育人、全程育人和全方位育人，旨在调动学校各方力量，从不同时间、空间对学生进行全方位教育。心理育人是指通过心理方式实现育人，即教育者从教育对象的身心实际出发，遵循心理成长和教育规律，通过多种方式实施心理健康教育，有目的、有计划地对教育对象进行积极心理引导，缓解心理困惑，开发心理潜能，提升心理品质，促进人格健全，以实现培育有理想、有能力、有担当的时代新人这一目的的教育活动。[①]

心理育人模式深刻认识到心理健康在个体成长中的正向催化作用，倡导在心理健康教育实践中强化人文关怀与价值导向，紧密贴合学生心理特质与成长诉求。它以心理健康培育为基石，道德品格塑造为指引，传授心理健康知识与技能，着重培育学生积极向上的心理状态，力求在心理健康素质、思想道德素质和科学文化素质间实现和谐共进。心理育人的提出，不仅明确了心理健康教育的育人本质，还促进了心理健康教育从单一"育心"向综合"育人"的深刻转型。在提升高校心理健康教育成效的过程中，应积极探索该

---

①王海茹,吴会丽."三全育人"理念下心理育人与思政育人的协同共融研究[J].大学,2023（7）：181-184.

理念引领下思政教育的创新策略，有效整合心理育人与思想育人的资源，充分挖掘心理健康教育在价值引领方面的潜能，构成革新思政教育方法的关键路径。

心理育人视角下思政教育方法创新可从以下三个方面入手。

一、强化教师队伍的理论素养与科学实践

相较于心理健康教育，思政教育更倾向于理性层面，其学科根基主要源于政治学、社会学及伦理学等领域。然而，随着时代的演进和受教育群体特征的不断变化，特别是当代大学生思想心理状态展现出的多元化与变动性，给教师带来了更为严峻的挑战。

一方面，要求教师必须拥有更坚实的理论基础。高校思政教育工作者的专业素养，不仅体现在对思政教育专业理论的精通，还应涵盖心理学、教育学等与学生成长发展密切相关的理论知识，同时要深刻理解与掌握学生思想波动受环境制约的规律以及管理调节机制。如此全面的专业素质，是准确把握学生思想与行为动态及其根源的关键所在。鉴于思政教育实践所需的多学科背景与个体专业精深的现实矛盾，教师必须持续保持学习的热情与动力，因此，队伍建设不仅要强化主体的学习意识与能力提升，还需开展跨学科的培训与学习活动，特别是加强能直接转化为教育实践经验的心理学基础理论的学习，以此推动队伍专业化程度的提升。

另一方面，在探索与实施具体教育方法时，科学验证的重要性不容忽视。有效的育人方法必然蕴含科学性，需要坚实的理论作为支撑。这意味着教师需要在实践中不断探索、总结与反思各种方法，并通过科学手段进行验证，将其提炼为具有普遍指导意义的实践理论。这一过程不仅能够显著提升思政教育的效果，也是提高工作科学化水平的关键路径。

二、日常思政教育方法的创新与情感融入

在深化思政教育实践的过程中，高校不仅要充分利用思政教育理论课这一核心阵地的作用，还要积极探索并实践新型教学模式，提升网络思政教育的效能。此外，不应忽视对日常思政教育方法的探索与创新。

一方面，传统思政教育模式侧重于发挥教师的主导作用，而伴随着方法的持续演进与创新，这种主导作用正通过多样化的形式来扩大影响力，增强教育实效。鉴于新时代大学生自我意识的显著增强及心理育人经验的积累，

创新思政教育方法，从单一主导模式转向双向交流互动模式显得尤为重要。这一模式旨在彰显民主性原则，既包含教师的知识传授，也鼓励学生的观点表达，促使学生深度参与思政教育过程，围绕相关议题展开平等对话与深入探讨。这一互动模式对教师的专业素养提出了更高要求，因为思政教育的交流本质是一种双方互动的过程，尽管交流双方地位平等，但教师如何在平等对话中确保教育内容的有效传达，成为核心挑战。

另一方面，提升思政教育的实效性离不开提高其针对性。这要求高校不断拓展日常思政教育的路径，以弥补课堂教学或大众化教育模式可能造成的覆盖盲点。特别是在心理层面存在困惑的学生，在思想层面同样可能面临挑战。针对这部分学生的教育干预，更多依赖于日常思政教育方法的灵活运用。因此，对学生群体的细致分类，在日常管理、个别谈心、网络互动等日常活动中创新方法，成为必然选择。心理疏导作为一种兼具疏通与引导功能的方法，相较于单纯的说理，融入了情感元素，增强了教育的亲和力。心理学研究表明，人们在认同或信任对象时，除了权威之外，情感上的亲近同样重要。运用心理疏导策略，不仅在于理论知识的传递，更在于激发学生的情感共鸣，以富有人文关怀的方式推进思政工作，这是提升教育实效性的重要基石。因此，心理疏导因其独特的优势，应被充分整合并应用于教育实践之中。

三、利用心理疏导增强思政教育亲和力

在思政教育领域，心理疏导的应用并非仅聚焦于对心理现象的浅层指导，而是着重于提升思政教育方法的亲和力，并推动说理教育的深化与创新发展。回顾党领导下的思政教育历程，说理教育一直占据着核心地位。尽管这种教育方式有时被等同于灌输式教育，但实质上，说理教育超越了单纯灌输的范畴，与压制性和强制性手段有着根本性的差异。正如古语所言"以理服人"，说理教育凭借其内在的逻辑性和独特的亲和力，在历史发展中发挥了不可或缺的作用。然而，随着社会的日益开放与多元化，个体思想认识更加丰富多样，这对说理教育提出了新的革新要求。

心理疏导作为一种兼具疏通与引导功能的方法，相较于传统的说理方式，融入了更多的情感元素。从心理学视角审视，个体在建立认同与信任时，除了权威因素外，情感上的亲近感同样至关重要。因此，面对教育主体思想多元化的现状，增强教育方法的亲和力成为有效引导和获得广泛认同的关键。心理疏导方法的运用旨在实现双重目标：一方面，确保理性内容的准确传达；

另一方面，通过建立情感共鸣，促进学生对教育内容产生深刻的情感认同。这种融合了温度与深度的思政教育方式，对于提高教育实效性具有重要意义。心理疏导凭借其独特的优势，在当前复杂多变的社会环境中，为思政教育提供了有力的支撑和补充，值得我们深入探索与实践。

第二节 群体心理视角下思政教育方法创新

群体是由多个具有共同特征且相互联系的个体组成的集合体。群体心理主要指在群体活动中群体成员所共有的、区别于其他群体的价值观、态度和行为方式的总和。群体心理是一种与个体心理有着极大区别的社会心理。①

高校思政教育面向广大的学生群体，因此教师在运用教育策略推进思政工作时，必然会受到学生群体多维度心理特性的深刻影响。群体管理效能、群体内部压力、群体凝聚力，以及群体内部交互作用下情绪与行为的动态变化，都是影响受教育群体反应及教育效果的关键变量，其影响不容忽视。

从群体心理学视角探索高校思政教育方法的创新，是指教师依托已确立的群体心理特征及心理效应理论框架，在继承并汲取过往思政教育方法精髓的基础上，针对正式学生群体，创造性地发展或创立新的教育策略与实践路径。其核心在于对现有思政教育方法的优化，旨在不断提高教育的针对性与实效性。教师在细致考量个体学生心理特质的同时，需要借助群体心理学理论，审视学生群体，有效激发群体动机，敏锐捕捉群体中的从众倾向、情绪感染、行为模仿等心理现象，明晰促进群体意见转变的关键因素。据此，依据群体思想与行为的动态变化调整教育策略，确保全面把握群体状态，高效调控思政教育活动的实施进程，从而更有效地引导群体向既定的教育目标迈进。

在群体心理学视角下，结合巴莱多定律、同侪压力、隔板效应和气氛效应等理论，综合考虑高校学生在个体与群体层面展现的心理特征，以及思政教育实践活动中各相关因素所引发的群体心理反应，针对当前高校思政教育方法存在的挑战，可从以下四方面探索创新路径。

① 祝永莉，杨福林. 群体心理在大学生思政教育中的运用 [J]. 哈尔滨学院学报，2021，42（10）：124-126.

一、提升团队领导效能，强化教育核心职责地位

高校思政教育的主体主要包括学校行政部门的政工人员、思政理论课教师和大学生辅导员。这三类教育主体职能侧重点有所不同，但归根结底都是通过不同手段对高校学生进行思想品德教育和日常生活管理，致力于在不同层次上发挥教育主体的能动性。群体心理效应的巴莱多定律指出，群体领导者可以发挥少数人的影响力，并借助这些具有权威性的力量来实现管理目标。

（一）融入权威教育要素

融入权威教育要素，旨在明确高校行政体系中政工干部在教育实施过程中的角色定位。这一要素的核心在于，教育主体为了增强教育的说服力并有效达成教育预设目标，会有意识地选取在特定领域内享有声誉或占据重要地位的人物及其事迹，作为阐释教育内容的辅助手段。在高校思政教育体系中，除了传统的"两课"教学及辅导员日常的思想引导工作外，由高校党委宣传部、学生工作处、校团委等行政机构定期组织的先进典型报告会、模范事迹宣讲、道德讲堂、志愿服务实践等一系列丰富多彩的思想品德教育活动，同样构成了不可或缺的一环。

权威教育元素的整合实践，体现在学校政工部门创新思想品德教育模式，突破传统框架，着重发挥名人效应，特别邀请那些能够引发大学生强烈情感共鸣、增强其认同感的人物作为活动参与者。通过近距离的互动交流，将权威人物的成长历程与成功故事转化为生动的思政教育素材，赋予其如同另类教科书般的价值。这些权威个体所展现出的正面能量，是对抽象理论知识的生动诠释，借助他们在各自专业领域的广泛影响力，促使思政教育迈向新的台阶。

例如，中央电视台综合频道推出的《开讲啦》节目，邀请"中国青年心中的榜样"作为主讲嘉宾，分享个人生活哲学与生命体悟，这是成功运用权威人物生平事迹对青年学子进行世界观、人生观及价值观培育的典范。借助这些代表国家未来栋梁之材的权威之声传递思政教育，旨在塑造大学生思想道德品质的核心理念，更贴近学生内心，真正实现思政教育深入人心、影响人的精神世界的目的。

（二）培育学生意见领袖

培育学生意见领袖，是思政理论课教师的一项关键举措。在高校环境中，

学生意见领袖与学生干部的角色截然不同，学生意见领袖与普通学生之间建立了一种基于平等原则的互动关系，不存在对周围个体的强制性影响力。这种领袖地位的形成，是长时间自然交往的结果，通过展现个人魅力、学识见解或行为示范，赢得同伴的认可、尊敬与自发效仿。这种基于心理归属感而非任命产生的角色，往往成为群体中值得信赖且乐于追随的典范，能在集体内部激发出一种自发的、稳定的从众效应。

培育学生意见领袖的核心，在于思政理论课教师主动融入学生群体，深入了解并理解意见领袖的独特角色定位。通过积极倾听这些领袖的声音，教师可以更准确地把握学生的思想动态与兴趣偏好，进而以此为切入点，激发意见领袖的主动性与积极性，利用他们的引领力量，影响和带动整个学生群体提高课堂参与热情。

倾听并理解学生意见领袖对思政理论课的心理预期，是改进教学策略的关键依据。教师应将这一理解融入教学方法的创新之中，确保教育手段与学生的内在需求相契合，充分尊重并凸显学生的主体地位。从学生意见领袖这一普通而特殊的群体出发，通过改变他们对思政教育的刻板印象，激发其积极态度，进而引导其他学生产生自发的正向认同，最终实现整个学生群体参与度的显著提升。这一过程不仅促进了教育效果的优化，也体现了教育实践中对学生主体性的深刻尊重与积极调动。

（三）借鉴社会网络分析方法

社会网络分析的应用为高校辅导员的教育管理工作提供了新的视角与策略。社会网络是由社会关系交织而成的复杂结构，而社会网络分析作为一种成熟的研究范式，在心理学、社会学及政治学等领域得到了广泛应用，其理论渊源可追溯至心理学家勒温的"场理论"，该理论强调群体行为深受其所处社会环境或"场"的影响。在此框架下，辅导员在对某个学生进行个体分析时，会深入探究其嵌入的社会关系网络，涵盖亲属关系、竞争关系、合作关系等多元纽带，通过这一辐射状的关系网络实施精准调控，提高教育管理的精准性和效率。

辅导员作为大学生思政教育的核心执行者，同时肩负着学生日常思政教育、管理活动的组织、实施及指导职责，其角色定位要求辅导员成为学生成长道路上的引领者与心灵伙伴。在教育管理实践中，辅导员的工作范围广泛，不仅涉及思想引领，还涵盖日常教育管理、学生能力发展（包括实践能力与综合能力）的促进，以及学生权益的表达与维护。在此背景下，借鉴社会网络分析的思维方式与操作手段，对辅导员而言具有重要意义。这要求辅导员在履行多任务角色时，应巧妙利用其管理对象周边社会网络的力量，增强教育策略的可操作性，进而提升教育管理的实际效果。

通过社会网络分析，辅导员能够精准识别并掌握具有正式权威、非正式影响力乃至隐性权力的关键学生群体，明确他们的权力边界与影响力范围。对这些关键学生给予持续关注，并有效利用其辐射状的社会关系网络，不仅能够在日常生活中引导学生思想与行为，还能在群体失范行为初露端倪时及时介入，有效解决问题，从而避免群体事件的扩大化，确保辅导员工作的人文关怀与针对性，进一步强化了其职能履行的有效性与深度。

二、促进群体关注，构建教育良性压力氛围

群体心理学中的同侪压力效应表明，"他人在场"带来的压力如果能合理利用，可以转化为强大的激励力量，促使群体中的成员提高工作效率和学习效率。同侪压力发挥作用的前提是群体中的个体成员能够感知到他人的瞩目与关注，增强其在行动时的评价意识。高校思政教育的实施主体应从榜样树立、奖罚机制构建和教学模式创新等方面促进学生被关注的状态形成，营造思政教育的良性压力氛围。

（一）塑造个体典范

榜样效应构成了一种独特且显著的同侪影响力，它作为一种不容忽视的模仿机制，能够有效激发群体成员自主提升对集体的贡献度。这一效应与中国儒家传统教育理念中的"见贤思齐"相契合，强调了个体倾向于效仿榜样、追求自我完善的内在动力。在当代思政教育的实践中，典型教育法正是依托榜样效应而构建的一种教育途径。该方法依据群体心理学关于模仿与感染的理论框架，注重在受教育群体中发掘并树立具有正面示范效应的学生个体，这些个体因展现出值得他人认同与效仿的思想品德特质而被赋予榜样角色，进而在群体中发挥价值引领和规范导向作用。

个体典范的塑造特指在同辈群体内部进行的榜样树立过程，它是典型教育法在特定情境下的具体应用。在思政教育活动中，学生既是教育过程的观察者，也是被观察的对象。他们通过观察并学习他人的行为及其结果，不断调整自身的行为与反应，以更好地符合群体规范，同时修正原有的不当思维

与行为模式。这一过程实质上是个体不断自我修正、向主流价值规范趋近的过程，榜样则成为他们观察与学习的核心对象。

教育主体之所以要在学生群体中积极塑造并推广优秀的个体典范，是为了强化其引领作用，因为并非所有具有学习意义的正面行为都能被群体成员自发识别。例如，学习成绩优异的学生往往备受瞩目，而默默奉献、遵守纪律的学生则可能被忽视。因此，正式树立积极榜样，可以引导学生关注并学习这些被忽视的正面行为。同时，对不良行为的负面示范进行惩罚，也能作为一种负强化手段，促使学生避免不合理行为，促进群体行为的正向发展。在榜样资源匮乏或群体惰性较强的环境中，识别并惩罚负面典型同样能达到类似的正面引导效果，甚至在某些情况下，其影响力更为显著。

（二）构建长效奖罚机制

奖励与惩罚机制，作为行为强化的有效策略，是激励学生正向发展的核心方法之一。在教育实践中，树立榜样为教育主体明确了价值导向，当学生积极响应这一导向，模仿榜样行为以实现自我提升并获得教师认可时，正面强化便随之产生，奖励机制进一步巩固了其积极行为。相反，当学生行为偏离了榜样所代表的正向价值标准时，惩罚机制则介入，对不当行为进行纠正。

依据教育部发布的《普通高等学校学生管理规定》及《高等学校学生行为准则》等指导性文件，各高校普遍制定了贴合自身特色的大学生日常行为规范体系，旨在营造积极向上的校园文化氛围，促进青年学生品德修养的提升。然而，在实际校园生活中，大学生严格遵守行为规范的情况并不理想，这主要归因于长效奖罚机制的缺乏。机制是确保制度有效运行并实现既定目标的关键，其构建需基于两大基石：一是构建规范、稳定且相互支持的制度体系；二是设立能有效推动制度执行并监督其实施的组织与个人。

长效奖罚机制特指能够持续确保大学生思想品德行为奖惩制度有效运行并达成预期目标的系统性安排。单一的行为规范文本在促进学生品德培养上的作用有限，只有从教师的角度出发，设计一套与教育宗旨紧密相连的奖惩体系，才能对学生中的正面道德行为给予表彰，对负面行为实施惩罚，确保奖惩措施稳定且全面地覆盖所有学生，贯穿其大学生活的始终。构建这样的长效奖罚机制，不仅能够维护行为准则的权威性，还能从正面激励与反面警示两个角度，加速思政教育内容在学生内心的内化过程，积极促进青年学生的全面发展。

（三）增强学生课堂参与感与价值认同

思政理论课是高校思政教育工作的核心阵地与重要路径，它以其教育时间的连续性、组织结构的严谨性及专业覆盖的全面性，作为全校各专业学生的必修公共课程，扮演着举足轻重的角色。思政教育的成效，在很大程度上取决于思政理论课的实施效果。

基于人类对关注与重视的内在需求，课堂中的每位学生均怀有被充分关注的强烈渴望，给予他们应有的关注则成为激发其学习动力的有效策略。思政教育的工作者应摒弃单一的讲授模式，探索创新的教育方法，将课堂焦点从讲台转向学生，鼓励学生发表见解并参与评价。教师在这一过程中应扮演指导与补充的角色，使学生感受到课堂是他们展现自我的舞台，自己是教学活动不可或缺的参与者，而非置身事外的旁观者。

通过教学方式的改革，教育主体应确保每个学生都能获得被重视的体验，满足其价值实现的需求，从而使学生认识到自己在思政教育过程中的重要性，进而更加积极地为实现教育目标贡献力量。同时，在选择教育内容时，教育主体也应充分考虑学生的兴趣偏好，运用生动、形象且富有感染力的教学语言，给予学生正面的心理认同与关注，促使学生从内心深处接受教师的积极引导，自发提升对思政教育课程的热情与参与度。

三、增强群体凝聚力，构建教育内部说服机制

群体成员间的互动交流不仅能增强群体的凝聚力，更重要的是，成员在交流过程中会对群体目标、群体规范、群体发展进行有效的内部强化，从而进一步实现对所在群体的认同。换言之，在高校中增强受教育群体的凝聚力，鼓励学生之间的互动交流，等同于启动了教育内部的说服机制，这不仅能够促使学生主动内化群体的目标和价值观，还能够使学生与所在群体形成稳定、持久的和谐关系。

（一）搭建群体资源共享平台

一个高效的群体能够促使每个个体的自我认知通过同化效应转化为集体意识中的"我们"，从而共同孕育出新的存在形态与价值体系。同化效应只有在群体成员对群体目标形成深度共识时，才能充分发挥作用。为了有效推动这一过程，转变成员中不符合群体规范的行为态度，关键在于提高规范、特性、支持体系、评价体系、机会平等及成果共享等群体资源的可及性，从而让个体能够清晰地感知自己与群体中其他成员之间的显著共性。

思政教育活动从根本上讲，是一个促进学生同化的过程，旨在通过特定方法的实施，逐步引导学生的态度与行为趋近预设的教育目标。教育主体要使学生认识到自身与培养目标间的差距，进而认同群体目标，并基于评价与比较自发进行调整，首要任务是营造一个包容且共享的群体环境。具体而言，构建群体资源共享机制，意味着高校教师，尤其是辅导员，在日常思政教育及学生事务管理中，运用新兴媒体技术，搭建便于学生间学习信息交流的平台，确保班级事务信息的及时、准确传播。此举旨在增进学生间的互动频次与深度，增强群体的凝聚力，为思政教育的有效实施奠定坚实基础。

　　当前，高校内利用新兴媒介作为日常沟通媒介已成为常态，各类班级普遍建立了 QQ 群、微信群、微博讨论组等线上社群，这些平台已成为传达班级事务的重要渠道。然而，一个值得关注的现象是，不少线上社群中辅导员的参与度较低，导致群体领导者与学生间的正向互动与心理共鸣不足。因此，辅导员应在班级初创阶段即着手建立覆盖全体成员的资源共享平台，全面发布包括教学计划、活动安排、评优评奖规则、奖惩措施等在内的实时信息，确保每个学生都能通过资源共享获得平等的身份认同与价值感受，进而在思政教育的引导下，对群体目标产生深刻认同，并主动进行自我教育与提升。

（二）营造课堂互动氛围

　　在传统的教育场景中，讲台前的教师能够细致观察每个学生的状态，学生也能清晰地接收教师的教学信息。尽管物理空间内没有设置实体分隔，但通过一系列纪律要求，如禁止课堂讨论、强调个体回答与完成作业，实际上形成了一种隐性的界限，使每个学生都能够在课堂上体验到一种相对隔离的学习环境。

　　群体心理学中的隔板效应理论强调了群体成员间互动交流的关键作用，这对高校思政理论教育带来了深刻启示。具体而言，学生群体在课堂上普遍表现出对自由交流的强烈渴望，这一过程使他们能够从同伴那里获得多样化的见解和认同，进而深化对新知识与新观念的理解与内化。交流互动不仅有助于学生发现志同道合的群体，还能激发他们对思政理论课程中教师主导、学生参与的教育活动的热情，以及对所在学习共同体的正向归属感。心理学领域的认知失调理论指出，个体倾向于保持认知的一致性，当内在认知与外界信息不一致时，会产生心理失衡，且差异越大，失衡感越强，促使个体寻求认知协调的动力也随之增强。

因此，营造积极的课堂互动氛围成为思政教育实践的关键环节。这要求教师灵活运用多种教学策略，结合多媒体技术的优势，多维度促进学生与教师、学生之间的教育内容探讨与思想碰撞，旨在推动个体既有知识体系与态度观念的更新，使其与思政教育所倡导的价值导向趋于一致。通过参与课堂互动，学生能够将其原有的感性认知与教育目标间的差距显性化，并增强改变现状的意愿。此外，互动过程还增强了群体内部的凝聚力，促进了自我教育的积极进程，激活了群体内部关于思想道德观念与"三观"的自我说服机制，加速了群体目标与规范的内化过程，提升了教育的深度与效果。

（三）校园群体活动的价值引领

高校群体活动作为高等教育文化生态中不可或缺的一部分，已全面渗透到高校生活的各个层面。其教育功能的核心在于营造一种特定的参与环境，将教育的意图与宗旨巧妙地融入相关的活动与情境中，使学生在亲身参与中体验并内化这些价值，进而对个体的精神世界、价值观念、审美取向及行为模式产生深远而潜移默化的影响。因此，高校群体活动与思政教育相辅相成，共同构成了富含价值导向与目的导向的实践领域。

作为课堂与日常思政教育的重要补充，高校群体活动凭借其灵活多样、丰富多彩的特点，有效拓展了思政教育的边界。通过将活动作为教育力量的自然延伸与有益补充，这一模式成功突破了传统思政教育在课堂教学及辅导员管理范畴内的局限性，促进了教育路径与学生实际需求的深度融合。广泛覆盖各类学生群体的多样化活动，以兴趣与爱好为基石构建的平台，不仅促进了学生综合素质的提升与锻炼，还使学生在享受活动乐趣的同时，自然而然地接受并践行活动背后的主旨与目标，激发了他们为实现共同愿景而积极参与的热情。

为了充分发挥高校群体活动的育人价值，思政教育工作的主导者需要加强活动的顶层设计，从活动的申报、审批流程到执行过程的监督，再到成效反馈机制的建立，都需要将价值引领与活动形式的创新紧密结合。特别应关注在学生群体中具有显著影响力的常规活动，如开学典礼的升旗仪式、新生军事训练、春秋两季运动会、党员宣誓等，通过加大指导力度和资源投入，提升活动的品质、吸引力及实际效果，使它们成为凝聚人心、教育引导及促进学生全面发展的坚实桥梁，同时也是连接课内与课外思政教育力量的重要纽带。

在此基础上，教师还需深入挖掘并提炼符合大学生身心发展规律且成效显著的群体活动，通过制度化、常态化的方式加以延续，使这些精品活动成为校园文化中标志性的组成部分。这一举措不仅能够丰富校园文化的内涵，还能够通过持续的文化熏陶，进一步巩固与深化思政教育的成果。

四、优化群体环境，开辟教育多维舆论阵地

环境具有强大的暗示功能，能深刻影响人们的认知和行为，使处于特定社会情境中的个体做出与环境暗含的行为模式相一致的行为。高校应创设与思政教育目标导向相一致的现实环境和网络环境，开辟线上线下多维舆论空间，将教育方法的作用范围延伸至学生一切所及之处，形成富于激励性的、健康向上的、促进大学生素质全面提高与身心全面发展的氛围和环境。

（一）优化校园文化

校园文化作为高校环境的核心要素，扮演着促进学生全面发展的重要角色，同时也是隐性思政教育工作的有效载体。从构成维度分析，校园文化主要由物质文化、精神文化和制度文化三大板块构成。为了开辟多维教育舆论阵地，高校需深入大学生日常生活环境，将校园文化中蕴含的激励力量与思政教育的价值观塑造功能相融合，充分利用高校文化环境的独特优势，发挥其创新、熏陶、协调等多重教育功能，从物质、精神及制度三个层面着手，优化校园环境。

首先，校园物质文化作为其他文化形态的物质依托与外在象征，应通过精心规划来促进精神与制度层面的发展。这包括科学布局校园功能区、巧妙布置绿植景观、精心设计建筑外观与色彩搭配，以及统一规划校徽、校旗等视觉元素，旨在通过直观的视觉体验，不仅规范学生行为，还为学生提供审美享受与精神滋养，营造积极向上的校园文化氛围。

其次，校园精神文化应深度整合高校的办学理念、校训、校风、教风与学风，与思政教育内容紧密结合，营造一个能够激发大学生内在美德的精神环境。这样的环境能够映照出学生心灵的美好品质，为优良思想品德的培育提供肥沃土壤，通过强大的同化力与推动力，塑造学生积极向上的精神面貌。

最后，构建体现全校师生共同价值观的制度文化，是校园文化健康发展的关键。通过建立健全的规范评价体系，制度文化不仅为思政教育的道德底线提供坚实支撑，还有效防范物质与精神文化生态的负面变化。在这一过程

中，思政教育的成效在校园文化的高尚引领与坚实基础之间实现深化，促进了学生综合素质的全面提升与校园文化的繁荣发展。

（二）打造线上舆论平台

线上环境作为与实体可触感环境相区别的网络虚拟空间，构成了信息传播、共享、交互及评价等的独特渠道与阵地。其广泛的覆盖范围与持续不断的传播特性，形成了一个立体多维的信息网络，几乎触及每一位高校学子，成为现代社会生活中不可或缺的一部分。随着科技的飞速发展，推动高校思政教育向网络化转型已成为时代要求。在实践这一转型的过程中，明确线上平台作为思政教育传播思想道德信息的重要媒介与宝贵契机，具有重大意义。将教育宗旨与内容转化为生动且贴近的网络表述，营造线上舆论空间中具有思政教育特色的氛围，显得尤为关键。

第一，高校思政教育作为引领大学生思想道德发展的导向力量，要在虚拟空间内塑造活跃且有影响力的形象。首要任务是将传统的教学与办公场景迁移至线上平台，革新信息传播的传统模式，主动融入学生的兴趣领域，以积极的姿态构建线上存在。

第二，在利用线上舆论渠道进行信息传播的基础上，应深入挖掘网络中平等开放交流模式的潜力，积极收集网络用户即现实生活中的受教育群体对思政教育活动的真实反馈。通过分析正面与"负面评价，高校能够提炼教育方法的优势与短板，从学生的声音中探寻优化思政教育路径的有效策略。

第三，线上舆论渠道的构建不应视为特定时期的临时举措，而应确立为常态化的活动形式，成为高校思政教育的核心组成部分。在实施教育活动时，高校需结合现实与网络双重环境，以立体多维的方式营造一个既富有激励性又健康向上的氛围，全面促进大学生素质的提升与身心的全面发展。

第三节　认知心理视角下微信思政教育创新

随着新媒体技术的快速发展，微信已成为大学生日常生活中不可或缺的一部分。微信不仅改变了大学生的社交方式，也对其思想观念和价值取向产生了深远影响。在认知心理视角下，探索微信在思政教育中的应用创新，对于提升高校思政教育的针对性和实效性具有重要意义。认知是人类理解自我及外界事物的核心过程，认知心理则聚焦于这一认识活动中内在的心理机制。它构成了一个复杂的信息处理与应用体系，起始于信息的编码与存储，历经深度加工处理阶段，随后提取关键信息以解决实际问题，并最终引发相应的行为反应，同时形成对同类事物的稳定认知框架。在此框架内，"信息"来源于两方面：一是外界客观存在的直接映射，二是人脑对客观世界的主观诠释与内化。意味着人类在认知活动中不仅从周遭环境中汲取新知识，也积极调用已有的智慧积累。

针对大学生在思政理论学习中的认知过程，他们接收的信息广泛，涵盖了教师传授的理论知识、对社会现象的观察，以及个人已有的知识基础。在处理这些教育信息的过程中，大学生的认知系统会自动检索与输入信息相关联的记忆，包括过往的知识经验与现实生活实例，这一过程即记忆的激活与调用。随后，通过综合这些信息元素，大学生能够实现对问题的有效解决，并将思政理论内化为个人的认知构成。

从认知心理的角度出发，为了有效提升大学生思政教育的实效性，教育实践活动应当遵循大学生的认知心理规律。这要求在教育策略上充分激发并优化大学生的感知敏锐度、注意力分配、记忆效能及逻辑思维能力等关键心理要素，确保认知过程顺畅无阻。这样的方式，不仅能够促进大学生对思政理论的深入理解与掌握，还能够引导他们积极构建个性化的知识体系，实现教育目标的深度达成。

基于认知心理视角，针对影响高校微信思政教育实效性的主要因素，提出以下对策。

一、掌握选择注意规律，推动教育形式图像化

针对当前高校微信思政教育存在的表现形式陈旧、吸引力不足的问题，教师在设计及传播教育内容时，应当密切关注并合理利用大学生的认知心理机制，特别是选择注意规律。这一规律强调，在信息处理过程中，注意作为心理活动的首要环节，对特定对象的指向与集中至关重要。它使外界信息得以筛选并进入个体的认知加工系统，是知识吸收与价值观形成的起点。由于外界信息量巨大且多变，个体的信息处理容量有限，大脑会根据选择注意规律，有意或无意地筛选信息，优先关注部分信息而忽略其他。因此，教师需要积极创新思政教育内容的呈现形式，使其更加契合微信平台图像化传播的特点，从而有效激活大学生的选择注意机制，不仅吸引他们保持他们的的兴

趣，还保持他们注意力的持久性，并适时调节，以适应不同信息的需求。这样的策略调整有助于提升教育内容的吸引力和影响力，确保思政教育信息在众多信息中脱颖而出，被大学生主动选择并深入加工，进而促进思政教育目标的实现。

（一）提升微信思政信息的吸引力

信息加工理论表明，外界信息需对个体感觉器官形成一定强度的刺激才能吸引注意力。在微信这一信息流通量巨大的平台上，每日均有数以亿计的信息交互，对于高校而言，如何在如此庞大的信息流中使思政教育信息脱颖而出，激发大学生的主动关注与参与，成为微信思政教育面临的重要挑战。高校官方微信平台作为信息传递的首要窗口，其封面设计包括标题、图片及内容导语，是吸引大学生注意力的关键。因此，提升推送消息封面对大学生感知觉的刺激性，创新封面设计策略尤为重要。

第一，创新封面标题的设计。鉴于微媒体环境下"标题党"现象的盛行，大学生往往依据标题的吸引力决定是否深入阅读。高校官方微信平台可巧妙借鉴"标题党"的某些手法，如夸张、幽默或简洁的表达，同时紧密结合思政教育内容，创作出既易于辨识又极具吸引力的标题。可以通过融入大学生耳熟能详的网络用语增添新颖感，使用反问句式启迪思考，或设置悬念激发好奇心，从而有效提升标题的吸引力。

第二，封面图片的巧妙配置。图片以其直观的视觉冲击力，能够迅速捕获注意并激发联想。教师应依据推送内容的主题与情境，灵活选用多样化的封面图片，如自然风光、实践活动场景、生动表情、形象漫画、细节特写或人物肖像等，通过视觉元素的巧妙运用，进一步提高信息的吸引力。

第三，内容引导语的精炼与创意。可以借鉴网络语言的表达方式，将网络热词与通俗语言结合，编写出既富有寓意又易于理解的引导语。这样的设计旨在快速激活大学生的知觉系统，使其迅速捕捉并理解导语背后的含义，进而对推送内容产生浓厚的兴趣。

（二）优化微信思政内容的图文编排

在认知过程中，一旦个体的注意力被某信息吸引并进入持续注意阶段，大脑资源便集中于该信息，有效屏蔽外界其他信息的干扰。注意力的持久维持对深化信息的理解、激发想象力至关重要，是信息加工、记忆巩固及高级思维活动的基石。注意力分散会导致信息处理的表面化，即所谓的"浅尝辄止"，极大地阻碍深度认知的发展。从信息呈现的角度审视，影响注意保持的关键因素在于信息编排的清晰度与直观性，这直接关系到大脑对信息的有效识别与加工。

鉴于高校官方微信平台能够整合多种媒介形式丰富内容表达，其图文消息的编排优化是提升教育效果的关键。优化的目标是促进学生对信息的深度认知，提高思政教育的接受度。为此，需要从以下两方面着手：

第一，提升教师处理多媒体信息（包括图像、音频、视频等）的技术能力，强化技术支撑体系，确保教师在熟练掌握信息处理技巧的基础上，能巧妙融合图文元素，增强图像的表现张力，促进图像与文字内容的紧密衔接，提升信息的整体吸引力。

第二，加强教师的艺术设计素养，确保图文消息的布局既符合美学原则，又能够吸引大学生的视觉焦点，引导集中注意力，激发其深度思考与逻辑推理的兴趣。艺术性编排不仅是思政教育追求的表达境界，也是提升高校官方微信平台教育实效性的内在要求，它有助于构建更具吸引力和感染力的教育环境，促进教育目标的顺利达成。

（三）微信平衡思政教育的导向与需求

内在矛盾是事物发展的根本动力，深刻地影响着其运动轨迹。在探讨个体选择注意机制的要素时，目标导向与刺激驱动构成了核心框架，其中，目标导向作为内因，占据主导地位。这一内因体现了个体基于内在需求而选择性地关注特定信息，而非其他，揭示了内在动机在注意力分配中的关键作用。然而，值得注意的是，个体需求并非全然合理，需要依据社会标准进行评估。马克思的需求理论强调了社会需求评价的重要性，为理解个体需求合理性提供了理论支撑。因此，在高校官方微信平台的思政教育实践中，教师应依据社会标准，审慎衡量大学生对微信信息选择需求的合理性，既满足其正当需求，又合理引导与调整非理性倾向。

在教育内容的策划上，应适当兼顾大学生对娱乐化、非主流及幽默调侃信息的偏好，以满足其多样化的信息需求，同时坚守信息的教育导向与社会价值，确保内容的正面性和引导性，避免过度娱乐化或低俗化。我国历届领导人均高度重视新闻舆论的导向作用，习近平总书记在相关座谈会上着重指出，新闻舆论工作需高举旗帜、明确导向，覆盖新闻报道、娱乐、广告及都市生活等各领域。在高校微信思政教育中，图像作为一种广受大学生欢迎的教育形式，其设计与运用应兼顾吸引力与导向性，即图像不仅要形式新颖、内容丰富、简洁直观，易于大学生接受，而且必须坚守正确的政治立场，强化正面宣传。

面对网络中的各类动画、表情包，其中可能包含对政策进行不当戏谑的内容。教师必须具备高度的甄别能力，及时介入，通过正面引导，有效防止大学生在无意识中受到不良影响，确保微信思政教育环境的健康与积极。

二、利用记忆与思维机制，增强教育内容的引导力

高校官方微信平台的教师应当依据认知过程中的记忆与思维机制，有效激活大学生的既有记忆储备，促进他们对新知识的吸收与存储。同时，应激发大学生的批判性思考能力，并帮助他们解决在思想层面遭遇的种种困惑。为实现这一目标，教师应从多个维度着手，包括优化教育内容设计、精细化加工教育资源、采用富有吸引力的语言叙事手法、强化问题导向的教学策略，从而全面提升高校官方微信平台在思政教育领域的导向效能。

记忆是外界信息与个体接触时伴随的感觉、情感及情绪在人脑中的固化，是认知活动的核心心理特征。思维活动则是大脑对客观事物进行系统分析、综合归纳、抽象概括、逻辑推理及价值判断的过程，旨在揭示事物本质与内在规律。思维活动的开展依赖对先前记忆的提取与运用，个体通过调取过往记忆来认知新事物、理解新知识。解决问题是思维的终极旨归，要求记忆内容转化为知识体系，进而为大脑在面对复杂问题做出准确判断与合理决策时提供坚实的认知基础。记忆与思维在认知心理进程中扮演着不可或缺的角色，它们既紧密相连、相互作用，又各自具备相对独立的活动机制，共同推动着认知活动的深入发展。

（一）激发情境效应，构建丰富的生活化教育情境

激发认知心理中的情境效应，旨在通过构建丰富的生活化教育情境增强思政教育内容与现实生活之间的联系。这种策略使大学生能够身临其境，自然调动既有的知识库与记忆，将理论与实际相联系，深化对思政教育内容的理解与学习，从而有效提升思政理论的掌握水平及实践能力。情境效应的核心，在于重现特定情境以激活个体的记忆；当情境与个体记忆的匹配度越高时，情境效应愈发显著，更能唤醒个体的过往记忆与经验。

认知的形成与发展源于实践，理论需指导并接受实践的检验。鉴于微信

平台信息传播呈现出碎片化、简洁化及图像化的特征，高校在微信平台上开展思政教育时，应当紧密结合理论与实践，创造性地设计贴近大学生生活的教育情境。此举旨在引导大学生将理论知识与实际生活相联系，正确认知、深刻理解并有效运用思政理论，进而促进对社会主义核心价值观的认同与践行。

在媒体环境日新月异的今天，信息热点不断更迭，但核心内容始终围绕人类共通的基本经验与情感，如生命历程、情绪体验、日常生活琐事以及对真善美的追求等。因此，高校微信思政教育的内容设计应紧密围绕大学生的生存发展需求、生活方式、情感世界及精神健康等核心议题，确保教育内容与大学生的生活实际高度相关且具针对性。为此，需将大学生的学习生活实践融入内容规划与栏目设计，并利用新媒体技术手段创作出符合微信传播特性的思政教育作品。构建虚拟的大学生学习、生活及交往情境，使大学生沉浸其中，能够激发他们情绪与情感共鸣，促进理论与实践的联想与融合，从而进一步增强思政教育的感染力与影响力。

（二）增强理解意识、记效应，精细化加工教育资源

丰富的感性材料积累是感性认识向理性认识跃升的关键。在思政教育中，这体现为将高度凝练的理论知识通过具体化的演绎手段，促使学生深入理解、牢固记忆、内化于心并外化于行。此目标的实现需充足的感性材料作为辅助。从认知心理学的视角审视记忆环节，除个体记忆能力等内在因素外，知识的复杂度、阐释方式及所采纳的辅助材料对记忆成效具有更为显著的影响。认知心理学实验数据表明，增加与目标知识相关的额外信息量，能够显著提升理解的深度与记忆的牢固度。

为有效提升大学生对高校官方微信平台思政教育内容及深层意义的认知与记忆，教师需要广泛搜集并整合教育资源，作为感性材料的坚实支撑，并对这些资源进行细致的纵向与横向加工。

一方面，强调教育内容历史文化背景与时代背景的深度融合，实施纵向加工策略。党的思想理论体系是马克思主义理论与中国共产党实践智慧的结晶，其历史脉络与当前时代环境存在显著差异。因此，在微信平台上宣传解读党的思想理论时，既要深入挖掘历史根源，又要紧密贴合时代特征，用新时代的话语体系和思维逻辑诠释经典理论，不仅有助于大学生追溯党的历史轨迹，还能促进其深刻理解党的理论发展。

另一方面，注重感性材料的广泛补充与深度拓展，充分利用全媒体网络的便捷性，广泛搜集并精选教育资源，增加细节描述与意义阐释，构建全面且丰富的高校微信资源体系。建立素材资源库与教育资源整合机制，能够为不同教育议题匹配恰当的感性材料，确保教育内容的真实性、权威性与吸引力。例如，在弘扬爱校精神的教育活动中，引入权威机构发布的排名数据作为支撑，这不仅能提高信息的可信度，也能丰富教育内容的细节，使之更加生动、具体。这种精细化加工不仅符合微信平台信息传播碎片化与精炼化的特点，也极大地提升了思政教育的实效性与感染力。

（三）促进理性认识，优化教育语言叙事合理性

从认知心理的理性认识构建角度出发，加强高校官方微信平台在思政教育中的语言叙事合理性，是构建合理推理与论证范式的重要途径。这旨在有效促进大学生理性认识的深化，并帮助他们养成理性思考与表达的习惯。理性认识作为人类认知的高级层次，涵盖了概念构建、逻辑推理、判断形成等复杂过程，它依赖于感性材料的积累及大脑对这些材料的深度加工。正如认知理论所强调，要实现从感性到理性的飞跃，必须经过细致的筛选、提炼、联结与深化，以形成系统化的概念与理论框架。

高校官方微信平台在思政教育中的任务，不仅是为大学生提供丰富且可信的感性素材，更重要的是通过优化教育语言的叙事逻辑，提升信息的说服力与感染力，加速理性认识的形成。合理性叙事基于事实，致力于全面揭示事物的本质特征与内在规律，它要求在教育叙事中融合网络语言的生动性与教育语言的严谨性，确保信息传递的正确性、精确性、合理性，同时不失趣味性、吸引力与情感共鸣，以抵御不良网络语境对大学生理性思维发展的潜在阻碍。

具体而言，高校官方微信平台应首先主动介入网络舆论场，针对热点话题积极回应，利用学校特色资源，联合专业力量，有理有据地辨析错误思潮，澄清事实真相，引导网络舆论向正确方向发展，塑造积极的价值观。其次，应致力于讲述真实且具有教育意义的故事，即生命叙事，通过生动展现生命体验与道德追求，激发大学生的情感共鸣与价值认同。在故事的筛选、编辑与推送中，需要综合考虑其真实性、典型性、教育价值及呈现方式，确保故事能够触动人心，引发深思。最后，需要不断提升教育语言的感染力与亲和力，通过巧妙融合语言的严谨与灵活、画面的具象与情境化、词句的鲜活与

简洁，以及适时引入网络新词汇与变革语义，使教育内容更加贴近大学生的认知习惯与情感需求，从而增强教育的有效性与针对性。

（四）把握思维问题导向，增强教育问题的价值性引导

在当代教育环境中，基于认知心理过程的思维促进，特别是其目标导向性，对于增强高校官方微信平台在思政教育中的问题导向机制具有深远意义。这一策略旨在优化信息推送，剔除无效及无意义的信息，精准回应大学生在思想、心理及道德层面面临的种种挑战，进而提升思政教育的实际价值，增强其教育效果。思维作为一种间接而概括的认知活动，其核心在于通过一系列复杂心理活动导向问题的解决，这一过程与思政教育的根本目的——促进学生思维发展，达成问题解决的认知目标——高度契合。

新闻媒体，尤其是高校官方微信平台，在信息传播中的角色转变尤为关键。它们应从单纯讨论公众议题转向深入关注大学生关心的问题，明确指引问题解决的正向路径。高校微信思政教育应聚焦于解决大学生在思想困惑、精神追求及价值观塑造等方面遇到的实际难题，摒弃空洞的赞扬与泛泛之谈，转而通过激发大学生的自我反思、逻辑推理、价值判断及决策能力，实现其个人成长与发展的实质性助力。问题导向的教育模式不仅要求解决大学生的思想问题，更要直面其生活中的实际困难，要求教师首先深入了解大学生的现实处境。

在全球化与信息爆炸的时代背景下，大学生面临着来自世界变化、多元思潮、复杂社会现象以及学业、情感、职业规划等多方面的考验，产生疑惑、迷茫乃至挫败感实属正常人生体验。大学阶段作为个体发展的关键时期，承载着巨大的外部压力与内在矛盾，亟需正面的引导与教育。为此，教师应借助网络调研、深度访谈等手段，精准捕捉大学生的生存与发展难题，以此为基础构建教育引导的内容框架。教育内容的选择应紧密围绕大学生最为关切的实际问题及其自我发展冲突，确保思政教育的针对性与价值导向性。

教育引导应紧密联系社会现实，为大学生提供清晰的问题解决思路。它包括解析社会转型期的复杂现象、吸纳自媒体时代青年亚文化的积极元素、融入校园生活文化环境，以事实为依据，以马克思主义理论为指引，引导大学生进行批判性思维，分析利弊、区分主次、判断正误、权衡得失，做出明智决策。此外，高校官方微信平台作为校园服务的窗口，应不断丰富服务内容，如提供教务信息查询、学习方法指导、校园管理服务等，以满足大学生

的精神需求与实际生活需要，进一步彰显教育内容的实用价值。

三、结合网络认知特点，提高教育方式吸引力

高校微信思政教育需要结合大学生的网络认知心理特点，以提高思政教育方式吸引力。网络信息的类型、视角、话语方式、呈现形式及阅读习惯等与网络快传播、简表达、碎片化、融媒介的特征相契合，与传统纸质媒体的信息相差甚远。大学生在网络生活中深受网络信息的影响，特别是受网络语言意义和话语方式的影响，并用网络语言构建自己的话语方式。阅读网络信息时，大学生展现出不同于阅读传统纸质媒体信息的认知心理特点。

（一）顺应信息选择的自主性和灵活性

在探究大学生选择网络信息时的认知心理特点时，可以发现他们表现出显著的自主性与灵活性，这是大学生主体性特征的重要体现。网络信息的特性，如开放性、共享性及跨时空性，为大学生提供了广阔的选择空间，使他们能够根据个人需求和兴趣随时选取并处理信息。因此，高校在微信思政教育中应当采用开放与融合的教育模式。在此模式下，学生展现出高度的主体性，具体表现为对教育目标与要求的自觉认同、独立判断与选择、行为的自主调节，以及在实践活动中不断完善个人品德、丰富并发展社会道德规范的自主性、能动性和创造性。

高校官方微信平台应通过实施开放教育策略，充分激发大学生的主体性，调动其内在的自觉能动性，并引导其进行自我教育。应鼓励大学生积极参与教育过程，构建"用户生成内容"的模式，主动贡献教育内容与素材，从而在尊重并凸显大学生主体性地位的同时，促进其在教育活动策划与实施中的自我教育、自我发展与完善。教师需要秉持开放的态度，包容大学生可能持有的不成熟、非主流及个性化的思想观念，并建立民主化的建议与意见反馈机制，以激发大学生的主人翁意识，鼓励其积极表达观点、参与讨论。

高校官方微信平台应利用融媒体的优势，探索并实施融合式教育，构建一个涵盖高校微信、其他校园媒体以及思政理论课的综合教育机制。这一机制旨在通过传统校园媒体与新兴教育手段的融合，为大学生提供一个内容丰富、互动性强、进出自由的教育平台与思想交流空间。同时，教师应承担起"把关人"的职责，严格筛选和过滤教育信息，确保信息输入与输出的质量。在信息选择上，应坚持真实性、导向性、全面性和贴近性原则，以维护信息的权威性和可靠性；在信息输出环节，应有效拦截虚假、攻击性等不良信息，

确保舆论传播的理性和道德性，维护留言区的健康氛围。目前，各高校官方微信平台已普遍设立专门的信息审核机制，有效过滤不良信息，为大学生在网络认知过程中展现的自主性与灵活性提供坚实保障。

（二）转变信息加工的从众性和浅层性

在认知心理学领域，大学生在信息加工阶段主要表现为从众倾向与浅层处理。网络信息的传播遵循传播学的二级传播理论，即信息并非直接来自事件源头，而是经过媒体或其他中介机构的加工与再传播，这一过程中信息被赋予了中介者的主观色彩，成为对事件的间接反映，包含了中介者的思想意识与价值评判。传统主流媒体历来重视新闻舆论的导向作用，以确保信息传播的准确性。然而，随着新媒体时代的到来，自媒体平台的兴起，使得部分活跃网民通过频繁发表言论成为网络意见领袖，他们传递的草根性思想与价值观念迅速在网络空间扩散，与主流媒体及自媒体共同构成了影响网络舆论走向的三大力量，且草根性舆论往往展现出更强的渗透力。

在此背景下，大学生在认知加工网络信息时，易受二级传播规律及草根性舆论的双重影响，表现出从众性与浅层性的认知特点。为改善这一状况，教师需要适时介入大学生的信息加工过程，通过双向互动策略促进其理性思维能力的发展。具体而言，首要任务是提升互动的积极性。教师应构建平等互动的沟通环境，与大学生建立平等关系，充分利用"留言板""客服咨询""在线聊天室"等互动平台，及时设置与舆论热点相关的互动议题，广泛搜集并分享来自其他平台的互动信息，以此提高互动热度，提升大学生的参与感与存在感，激发他们互动的意愿。同时，运用富有感染力和亲和力的语言风格，贴近大学生的话语体系，采用启发式教学方法，激活他们已有知识与经验，引导其进行全面、联系、深入的理性分析。

此外，加强引导教育同样至关重要。在微信互动过程中，教师需要对大学生进行正确的思想意识与价值观念的引导，有效削弱微信平台复杂信息及草根性舆论可能带来的误导效应，帮助大学生妥善解决涉及个人成长与发展的思想困惑、情感波动及人际交往等关键问题，从而培养其形成独立、理性的信息处理能力。

（三）优化虚实结合的教育方式

在认知心理的信息理解阶段，大学生群体表现出鲜明的简洁性与多变性特征。他们的感性知识往往来源于他人的实践智慧，通过学习和内化这些基于实践提炼的经验与理论，逐步构建起个人的知识体系。从认知实践来源的角度来看，大学生更多依赖间接经验进行认知活动，体现了其认知过程的间接性。同时，大学生的认知水平正处于思想逐渐成熟的过渡阶段，思维敏捷且灵活，尚未固化于特定的思维模式，易受外界经验和观念的影响，表现出认知上的多变性。鉴于这些特点，高校在微信思政教育实践中应强化实践元素的融入，通过整合校园活动与社会实践资源，实施虚实结合的教学策略。

首先，作为高校官方权威媒体平台，高校官方微信平台应凭借强大的组织动员能力，积极推广实践活动信息，激发大学生参与实践的内在动力，并构建一个促进实践感悟交流与反馈的互动空间，以此加深大学生对实践经验的记忆，激发思想碰撞的火花。

其次，高校官方微信平台应巧妙运用新媒体技术和榜样教育资源，发掘并宣传大学生身边的正面典型，即使在没有直接实践经验的情况下，也能让这些生动的榜样成为大学生获取直观间接经验的重要途径。例如，通过虚拟现实技术模拟再现身边榜样的事迹场景，使大学生仿佛置身其中，深切体会榜样精神，从而获得情感共鸣与思想启迪。

最后，高校官方微信平台需创新性地策划主题活动，将线上宣传、互动讨论与线下亲身体验紧密结合，诸如组织手抄党章、诵读马克思主义经典著作、创作及展示社会主义核心价值观相关动画与微视频等活动，以此丰富大学生的认知体验，深化其对理论知识的理解并提高其应用能力。

（四）在思政教育中嵌入数据说理论证

大数据技术的日益成熟与广泛应用，为数据说理教育模式的实施铺设了一条宽广而坚实的道路。这一技术革新不仅极大地丰富了数据处理与分析的手段，更为教育领域带来了前所未有的变革机遇，特别是在高校官方微信平台这一思政教育的重要阵地上。

在这个信息爆炸的时代，高校官方微信平台应当成为连接师生、传递正能量的桥梁，而大数据的应用则是提升其教育效果的关键。通过深入挖掘数据背后的内涵，平台可以更加精准地把握学生的兴趣点与关注点，进而在思政教育中合理融入数据元素，以客观、理性的数据说理取代单一的文字叙述，有效提高信息的可信度与说服力。

为实现这一目标，一方面，高校官方微信平台应大胆创新，增加数据图表、报表等可视化元素的展示，用直观、清晰的数据语言揭示社会现象背后的客观事实，减少空洞的宣传性、号召性、口号性标语以及冗余语言的使用，让数据"说话"，使教育内容更加贴近实际、贴近生活、贴近学生；另一方面，增强教师运用数据说理的意识并提高能力显得尤为重要。这要求教师不仅要具备扎实的思政教育理论基础，还要掌握一定的数据分析技能，学会从海量数据中提炼有价值的信息，用以支撑教育观点，提升教育内容的科学性与权威性。因此，加大对教师数据素养的培训力度，提升其运用数据说理的能力，对提高思政教育的有效性和公信力具有深远意义。

四、尊重认知结构差异，促进教育效果评价的优化

从认知心理学中认知结构差异性的理论出发，重视并尊重大学生在认知结构上的多样性，对推动高校微信思政教育效果评价体系的优化具有积极意义。认知结构差异体现在个体知识总量以及知识组织方式的独特性上。鉴于教育对象认知结构的内在差异性，构建教育效果评价框架时，应采取差异化策略，设计出与不同认知结构相匹配的评价指标。

传统思政教育效果评价面临诸多挑战，其中，评价标准的单一性、评价项目的统一性以及评价思维的教条化尤为突出，这些因素严重制约了评价体系的科学性和合理性。个体间差异的客观性要求我们在进行教育效果评价时，必须摒弃"一刀切"的做法，采用多元化、多层次、分阶段的评价策略。这样的评价体系不仅能够更精准地反映不同学生的认知发展状态，还能有效促进教育实践的针对性和有效性，为实现思政教育目标的个性化和精准化提供有力支撑。因此，基于认知结构的差异性，优化高校微信思政教育效果评价，是提升教育质量和促进个体全面发展的重要路径。

（一）把握认知水平的发展性，进行分层次评价

针对大学生认知水平的发展性特征，对高校微信思政教育效果实施分层次评价尤为必要。心理学领域的认知水平发展理论，如皮亚杰和维果茨基等人的研究成果，揭示了认知水平随年龄、心智成熟度和个人经历而逐步发展的规律。不同学历层次的教育对象展现出各异的认知水平，教育要求亦应体现相应的层次差异。高校官方微信平台作为思政教育的重要平台，其受众涵盖本科生、大专生及研究生等多个群体，这些群体的认知水平呈现出明显的层级分布。理论上，研究生的认知水平处于最高层次，本科生次之，大专生相对较低。

鉴于这一认知层次差异，高校官方微信平台在构建思政教育效果评价体系时，应针对性地设定三个层次的评价标准：首先，针对研究生层次，评价重点应放在其理论联系实际的能力上，涵盖理想信念的坚定性、社会主义核心价值观的实践深度以及在时事热点讨论中的网络舆论正向引导能力；其次，对于本科生，评价应侧重其思想理论与价值观的理性认知程度，包括思政理论的掌握情况、对社会主义核心价值观的认同度以及在时事问题上的立场明确性；最后，针对大专生层次，评价主要聚焦于其思想价值观的正确性，包含对基本思想理论的认知准确性、对核心价值观的接纳程度以及在网络信息环境中分辨是非的能力。这种分层次的评价体系有助于更加精准地评估并提升高校微信思政教育的实际效果，促进大学生认知水平与思想素养的同步发展。

（二）把握认知积累与转变的过程性，进行分阶段评价

针对大学生在认知过程中展现出的知识积累与观念转变的过程性特征，对高校官方微信平台上的思政教育效果进行分阶段评估显得尤为重要。人的认知系统对外界信息的处理是一个渐进的心理转化过程，从最初的感觉知觉，到记忆巩固，最终形成系统化的知识框架，每一步都伴随着时间的推移与质的飞跃。当知识深化为能够指导实践、辨识事物的认知能力时，这一过程更显复杂且耗时。因此，针对高校微信思政教育的效果评价，应依据教育进程的阶段性特点，分别进行阶段性效果评价与总结性评价。

阶段性效果评价聚焦教育过程中的特定时段，旨在评估该时段学生的参与程度与认知发展状态。具体而言，可以通过衡量每周或每月大学生的活跃度，如参与度、留言数量以及"阅读量""点赞量""分享量"等量化指标，来直观反映大学生对思政教育内容的关注度和吸收情况。高活跃度通常意味着较高的认知接纳与学习投入度。同时，结合学生在互动中的反馈，可以进一步分析其对教育内容的接受程度及存在的认知难点，为后续教学调整提供依据。一些运营成效显著的高校官方微信平台，还可以利用"清博指数"等工具提供的周榜、月榜数据，进行更为精细化的阶段效果评估。

总结性评价则侧重于对整个教育周期内的效果进行综合考量，包括学期末与年度末的评价。评价维度涵盖粉丝增长情况、阅读总量、最受学生关注的信息类型以及热议关键词等，这些指标能够全面反映教育活动的影响力与渗透力。

（三）遵循认知意义的差异性，进行分类别评价

基于大学生在认知事物上展现出的认知意义差异性特征，可以从这一视角出发，对高校官方微信平台上的思政教育效果进行分类评价。认知意义作为吸引并引导个体心智关注的关键因素，其形成深受个体既有知识体系与生活经验的影响，导致在面对相同教育信息时，不同学生所领悟的意义层次各异，进而造成教育内容被认知与内化的程度不同。因此，对高校官方微信平台推送的思政教育内容进行细致分类，并针对各类内容实施效果评估，成为了解教育内容被接纳状况的有效途径。这些分类可以涵盖思政理论、理想信念培育、社会主义核心价值观弘扬、爱国主义教育、形势与政策解读、历史文化传承、人生观与世界观塑造、德育以及美育等多个方面。

评价过程应关注大学生对这些内容的反应活跃度、讨论深度及反馈积极性，以此作为衡量教育效果优劣的指标。这种评估机制不仅有助于我们精确把握高校微信思政教育目标在不同内容领域的实现程度，而且能够清晰地揭示出哪些领域成效显著，哪些环节需要优化与加强。

五、加强高校官微管理，提升教育载体公信力

认知心理过程中，存在一种被称为"诉诸权威"的思维定势，即人们往往对权威媒体发布的信息赋予更高的可信度。公信力是媒体的核心品牌追求。只有具有公信力的媒体，才能有效地引导受众朝着正确方向前进。因此，高校官方微信平台需要不断加强自身管理，提升自身实力、品牌影响力，进而提升整体公信力，以实现引领大学生树立正确思想价值观的目标。

（一）完善人才引育机制

高校官方微信平台作为高等教育机构中意识形态教育的核心载体与主流媒体，其重要性不言而喻。为了更好地发挥这一平台的作用，高校需要构建并优化一支专业化的人才梯队，以加强大学生思政教育的系统性规划与实施。这一人才队伍建设旨在通过增强团队协作力与创新智慧，推动思政教育内容与形式的持续革新。首先，要充分利用高校自身的人才储备优势，有计划地吸纳思政理论课教师、辅导员及网络意见领袖加入官方微信运营团队，提升信息的理论深度与导向力。同时，整合新闻学、信息技术、视觉传达设计等专业的学生资源，通过专项培训与实践锻炼，确保团队的活力与专业技能的传承，形成独特且可持续发展的团队文化。

其次，要构建全方位的人才能力提升体系，通过个人自学、专业培训、经验交流、实地调研、技能竞赛及表彰激励等多种途径，全面提升团队成员的思政理论水平与新媒体运用能力。在此基础上，要强化团队的组织管理架构，清晰界定岗位职责与运营准则，强调新闻伦理与职业操守的重要性，确保信息传播的公正性、准确性及责任感。

此外，随着新媒体时代的深入发展，高校新闻宣传工作面临着前所未有的挑战与机遇，对新媒体专业人才的需求日益迫切。因此，从事高校微信思政教育的工作人员必须具备适应新媒体环境、遵循传播规律的综合素质、专业技能及高尚品德，其中，坚持实事求是原则尤为关键。真实性是新闻的基石，高校官方微信平台必须坚决抵制虚假信息、抄袭行为、恶意攻击及非法诱导内容，倡导并实践原创精神、正向引导、技术伦理并重的原则，鼓励团队成员在此基础上勇于探索创新，创作出兼具思想深度、情感温度与态度正面的优秀作品，为高校意识形态教育贡献力量。

（二）推进高校融媒体中心建设

在融媒体时代背景下，无论是新兴媒体之间，还是新兴媒体与传统媒体之间，均呈现出一种深度的"融合"态势。这种融合体现于内容生产、传播渠道、平台构建、资源共享、人才调配以及管理体系等多个层面，旨在协同达成共同目标。在高校校园媒体领域，校园媒体与校外社会媒体及校内各部门机构之间的融合关系构建，促进了信息"源头"与"流向"的高效共享与流通，极大地拓展了信息资源的获取范围，使信息传播网络呈现出高度网格化的特征。

首先，确立高校融媒体体系的共同愿景，即强化校园思想引领与价值导向，把握舆论主动权，积极传播正能量，凝聚共识与力量。在此过程中，高校官方微信平台凭借其深度解析、个性化互动、"强关系"社交以及跨媒介融合等优势，成为推动思政教育目标实现的重要力量。

其次，构建高校融媒体资源库是关键一环。该资源库旨在整合并数字化存储多样化的可靠信息资源，支持通过关键词进行高效检索，从而丰富思政教育内容的维度，增强信息的可信度和权威性。高校官方微信平台可以依托这一资源库，进一步提升内容质量。

最后，打造高校融媒体传播网格体系，将每个媒体实体视为网格中的一个节点，通过节点间的互联互通，实现信息的快速扩散与精准传递。高校官方微信平台作为网格中的活跃节点，既是信息的传递中介，也是融合传播的受益者，能够借助这一网格化结构，有序且策略性地推广自身品牌内容，形成多媒体协同报道的"共鸣"效应。

在此情境下，融媒体效应犹如气象学中的"蝴蝶效应"，即便是微小的举措也能激发出广泛而深远的影响。充分利用融媒体中心的综合资源优势与多元化传播渠道，推出高质量内容并进行全方位宣传，对于快速树立高校官方微信平台的品牌权威、提升其社会公信力具有显著作用。这一过程本质上是一个互利共赢的战略实践。

（三）强化新媒体技术支撑

新技术的采纳与应用，不仅能够有效满足既有需求，更能激发新需求的产生。这一观点与马克思关于人类需求不断演进的理论相契合，即在满足既有需求的同时，不断催生新的需求。作为新媒体技术衍生物的高校官方微信平台，它契合了大学生对新媒体的期待，并在满足这些期待的过程中，进一步激发了大学生新的需求。在此背景下，高校官方微信平台的教师需要采取双重策略：一是充分利用新媒体技术，创新思政教育内容的设计与服务模式；二是紧跟技术迭代步伐，保持时代敏锐性，引领大学生思政教育的新需求，将新媒体技术转化为推动思政教育发展的"生产力"，这是高校官方微信平台亟待解决的关键任务。

第一，当前高校微信思政教育内容原创性不足，表现形式趋于传统，难以充分满足大学生对于新媒体环境下思政教育的期待。因此，教师需要深度融合内容与技术创新，创造出既新颖又遵循新媒体传播规律，同时蕴含深刻思政教育意义的作品。他们需要熟练掌握高校官方微信平台的各种插件应用、编辑技巧、大数据分析以及图像、动画、视频的美化处理技术，通过新媒体技术将教育内容以视听结合、直观简洁、情境模拟的方式呈现，提高内容的吸引力与受众的理解力。

第二，高校官方微信平台还扮演着服务平台的角色，不仅解决大学生的思想困惑，也关注他们的实际问题，教务服务便是其核心功能之一。通过与校内各部门构建"矩阵式"联动，高校官方微信平台可以简化大学生的教务业务流程，如选课、成绩查询等。熟练掌握新媒体服务插件技术，则可以进一步提升其服务效能。

第三，构建新媒体技术更新机制至关重要。由于"新"媒体概念的相对性与技术的持续演进，作为意识形态教育的前沿阵地的高校，高校必须主动拥抱新技术，敏锐洞察技术发展趋势，迅速将新技术转化为大学生思政教育的"生产力"，充分利用其优势服务于思政教育，从而引领教育需求的新动向与发展方向。

第六章　教育心理学视角下的思政课教学发展

随着教育改革的深入，教育心理学在思政课教学中的应用日益显现其重要性。从教育心理学的视角出发，探究思政课教学的各种影响因素，有助于我们更科学地理解学生的学习心理与行为模式。同时，深入分析教育心理学在思政课教学中应用的重要性，能为提升教学效果提供有力支撑。本章将进一步探讨教育心理学视角下的思政课教学实践发展，旨在促进思政课教学的创新与优化。

第一节　教育心理学视角下的思政课教学影响因素

一、教师心理的影响因素

高校思政课教师应明确教学效果与教学心理学运用之间的关联，并恰当地将教育心理学相关理论运用到课堂教学中，努力设计出符合学生学习特点与需求的教学方案，以提升教学实效。[①] 具体而言，教师的人格魅力、威信以及教学效能感是影响教学效果的三个核心维度。

教师的人格魅力作为一种隐性教育资源，其蕴含的形象魅力、思想素质、道德素质及专业素质在教学中发挥着不可忽视的作用。教师的仪表风度、言行一致性的特征及风趣幽默的性格，能够为学生树立可亲可敬的形象，拉近师生间的心理距离，从而增强思政课的吸引力。此外，教师高尚的思想品德是人格魅力的核心，通过潜移默化的方式塑造学生的思想与行为，为教学质量提供思想基石。调查显示，学生对具备智慧思想与高尚道德风尚的教师表现出强烈的偏好，这进一步印证了教师人格魅力对教学效果的积极影响。

---

① 刘健婷，乔洋. 探讨高校思政课教学中教育心理学的运用 [J]. 现代职业教育，2018（10）：138-139.

教师威信的树立，是其言行一致的优质品质、精湛的教学艺术以及对待学生的态度共同作用的结果。威信不仅影响着教师的教学热情与态度，更在无形中使教师成为学生模仿的榜样。民主型教师因其公平对待学生与热情的教学态度而受到广泛欢迎，这种榜样作用能有效减少学生的逆反心理，提升教学成效。威信的建立使得教师的要求更易于转化为学生的内在需求，从而激发学生的学习积极性和主动性，提升思政教育的接受程度和效果。

教学效能感是教师对自己教学能力及教育效果的主观判断，它同样深刻影响着教学行为及成效。教学效能感包括个人教学效能感和一般教育效能感两个方面，前者关乎教师对自我教学效果的认知与评价，后者涉及教师对外界教育因素与学生发展关系的看法。低教学效能感可能导致教师在教学中缺乏安全感和自信心，进而影响教学策略的选择与实施。相反，高教学效能感的教师能积极组织教学活动，营造和谐的学习氛围，有效促进思政理论知识的内化。然而，调查显示思政课教师在学生思政理论素养形成中的影响力不及同学和朋友，这在一定程度上反映了教师教学效能感还有提升的空间。

二、学生心理的影响因素

在教育心理学中，学生作为学习活动的主体，其心理特征对学习效果具有深远影响。特别是学生的自我意识与个性倾向性，作为两个核心维度，对思政课的教学效果具有直接且关键的影响。

自我意识是个体内心深处的心理结构，其发展特点在大学期间尤为显著，表现为认知上的自我认识、情感上的自我体验及意志上的自我控制。学生在追求"理想我"的过程中，常面临与"现实我"之间的冲突。这种冲突若难以解决，易引发心理问题，如理想信念的动摇，进而在学习思政课理论时表现出消极态度。此外，独立性与依赖心理的冲突也影响着学生的心理健康，使他们在期望与现实之间徘徊，不利于人格的健全。因此，学生对自我意识的清晰认知与有效调节，是提升思政课学习效果的心理前提。

个性倾向性包括需要、动机、兴趣、理想、信念与价值观等相对不稳定的心理因素，对学生的学习行为具有显著的推动作用。具体而言，学生的学习兴趣直接影响学习效果，对思政课感兴趣的学生往往能获得更多的正面收获，而缺乏兴趣的学生则收获有限。同时，学习态度作为学习行为的先导，其稳定性与内化程度直接影响着学生的学习成效。调查数据显示，多数学生认为学习态度对思政课学习有重要影响，这进一步印证了态度与行为之间的紧密联系。此外，学生的学习动机也是影响学习效果的重要因素。外部动机，如考试拿学分、学校纪律约束等，虽能促使学生参与学习，但学习效果往往不如内部动机，如学习兴趣、提高理论素质等来得持久与深刻。特别是当学习出于外部约束而非内在需求时，学习效果与教学目标之间的差距尤为明显。

因此，若要优化学生的心理素质，提升思政课的教学效果，应从增强自我意识与激发个性倾向性两方面入手。一方面，教师应引导学生正确认识并调节自我意识中的冲突与矛盾，提高自我调控能力，以实现"理想我"与"现实我"的和谐统一。另一方面，教师应通过创新教学方法，激发学生的学习兴趣，培养内在学习动机，使学生在追求个人成长与发展的同时，深刻认识到思政课的真正功用与价值，从而产生积极的学习行为，提升学习效果。这一过程不仅有助于学生的心理健康与人格发展，更为思政课教学的有效性提供了坚实的心理基础。

三、师生交往心理的影响因素

在教育心理学的视角下，思政教育的成效，本质上是"教"与"学"双方主体互动、协同构建教育内容的过程。在这一动态交互过程中，师生关系、课堂氛围以及同学间的相互影响，共同构成了影响师生交往心理的关键因素。师生关系，作为思政课教学中最为基础且具有特殊性的人际关系，其质量直接关乎教学互动的深度与广度，进而影响教学效果。

师生间的交往互动是教学过程的本质体现，这一过程应蕴含马克思主义的教育情感与人文关怀。当师生关系建立在平等、民主的基础之上时，师生间的相互吸引力会显著增强，这不仅激发了师生交往的内在动力，也促进了教学目标的有效达成。数据显示，能在思政课课堂中与大部分学生保持良好互动的教师，所营造的课堂氛围往往更加活泼轻松，这种氛围下的学生学习积极性高，学习效果显著，学习效果不佳的学生比例极低。相反，在师生互动有限或缺失的课堂中，氛围沉闷、压抑，学生参与度低，学习效果自然大打折扣。

课堂氛围作为教学互动的直接反映，对学生的学习表现具有显著影响。活跃的课堂氛围能够激励学生积极参与，认真听讲并做好笔记，而沉闷压抑的氛围则易导致学生分心、懈怠，甚至出现消极行为，如玩电子产品或注意力不集中。这一现象不仅证实了课堂氛围对教学效果的直接影响，也揭示了学生在课堂中的表现不仅受师生互动的影响，还受到周围同学行为的心理暗示与模仿效应。当班级大部分同学表现出认真听讲的态度时，其他学生也倾向于采取相同的学习行为；反之则可能产生负面影响。

思政课教师在教学过程中，应高度重视师生关系的构建与课堂氛围的营造。通过增强师生互动，建立基于平等与尊重的师生关系，有效提升课堂氛围的活跃度，进而提高学生的学习热情与参与度。同时，教师应充分利用学生间的心理影响力，通过正面示范与引导，促进班级整体学习氛围的积极向上。在这一过程中，教师还需关注个体心理与群体心理的相互作用，精准识别并引导群体心理动态，进一步优化教学效果，实现思政课的高质量、高实效目标。这一系列策略的实施，不仅有助于提升学生的心理健康水平，也为思政课教学的创新与实践提供了有力的理论支撑与实践路径。

第二节　教育心理学在思政课教学中应用的重要性

一、有利于拓展思政课教学思路

思政课作为高校思政教育的主渠道和主阵地，其根本目的在于培养学生的政治观念和道德观念，增强学生的法律意识，坚定学生的政治立场，并加强马克思主义理论教育，从而引导学生树立正确的世界观、人生观和价值观。然而，在传统思政课教学过程中，学生往往处于被动接受的地位，被动地接受教师的知识灌输和评价考核，缺乏主动思考和参与的机会。这种单向度的教学模式不仅难以激发学生的学习兴趣，也限制了学生的主体性和创造性。

在传统思政课教学过程中，学生的心理特征和个性差异往往被忽视。每个学生都有其独特的认知特点、情感需求和价值取向，但统一的教学内容和标准化的评价方式难以满足学生的个性化发展需求。这种教学模式不利于学生的全面发展，也影响思政教育的实效性。

将心理学原理和方法引入思政课教学，为突破上述困境提供了新的思路。首先，心理学强调"以学生为中心"，要求教师深入了解学生的心理特征、认知规律和学习需求。通过心理测评、访谈观察等方法，教师可以准确把握学生的思想动态和心理特点，为因材施教提供基础。其次，心理学注重个体差异，尊重学生的个性发展。在思政课中，教师可以根据学生的兴趣、认知水平和学习风格，设计多样化的教学活动和评价方式，以激发学生的学习动机。

心理学理论还为思政课教学方法的创新提供了科学依据。例如，建构主义学习理论可以用于指导设计情境教学、案例教学等互动式教学方法，促进学生主动建构知识；社会学习理论可以通过榜样示范、角色扮演等方式，增强学生的情感体验和价值认同；积极心理学原理有助于创造积极向上的课堂氛围，培养学生的正向思维和健全人格。

二、有利于创新思政课教学方法

传统思政课教学存在明显的局限性：过分注重理论体系的完整阐释，忽视了学生的实际思想困惑和现实生活体验；同时，传统的"灌输式"教学模式以教师为中心，采用单向度的知识传授方式，缺乏师生之间的有效互动和深度对话。这种教学模式不仅难以调动学生的学习积极性，也限制了学生的批判性思维和创造性思考能力的发展，导致课堂气氛沉闷，教学效果不尽如人意。

将教育心理学原理融入思政课教学，为创新教学方法提供了新的视角和路径。教育心理学强调"以学定教"，要求教师深入了解学生的认知特点、心理需求和思想状况。通过心理测评、问卷调查、个别访谈等方式，教师可以准确把握学生的思想困惑和心理特征，为教学设计提供科学依据。

教育心理学为创新教学方法提供了理论支撑。基于建构主义学习理论，可以采用案例教学、情境模拟、角色扮演等互动式教学方法，让学生在真实情境中体验和思考。例如，在讲授社会主义核心价值观时，可以设计"道德两难"情境，引导学生进行价值判断和行为选择，促进知识的内化和价值观的形成。运用社会学习理论，可以通过树立榜样、开展朋辈教育等方式，增强教学的感染力和说服力。

此外，教育心理学注重教学过程的优化。可以运用"最近发展区"理论设计循序渐进的教学活动；运用多元智能理论开发多样化的教学资源；运用积极心理学原理营造积极向上的课堂氛围。例如，借助新媒体技术开发微课、慕课等线上资源，实现线上线下混合式教学；可以组织主题辩论、社会实践等活动，增强教学的实践性和趣味性。

教育心理学还强调教学评价的多元化。可以建立形成性评价与终结性评价相结合的评价体系，注重过程性评价和发展性评价。例如，采用学习档案袋、课堂表现记录、小组互评等方式，全面评估学生的学习效果和思想进步。

第三节　教育心理学视角下的思政课教学实践发展

思政课教学作为塑造学生思想观念与行为习惯的重要途径，其核心在于遵循学生思想与行为的形成、发展及变化规律，通过教育与引导，促进学生最大限度地发挥自身潜能，实现全面和和谐发展。在此过程中，教育心理学理论与方法的运用对提升思政课教学的说服力与感召力具有不可替代的作用，这既是思政课教学现状的内在需求，也是素质教育全面发展的必然要求。

一、重视思政课教师的引领和主导作用

思政课教师的角色与职责与其他专业课教师存在显著差异。专业课教学主要聚焦于培养学生特定的专业技能，对学生未来职业生存与发展具有重要意义，但在塑造学生人格、引导其树立正确价值观方面的作用相对有限。相比之下，思政课教师肩负着更为深远的育人使命。思政课教师的课堂引领力在尊重学生主体性地位的基础上，强调教师的主导性作用，并在二者的有机统一中推进实现良好的教学实效。[①]通过思政课教学，教师不仅能够帮助学生升华理想，更能激励学生将理想转化为实际行动，使他们成为身心健康、思想独立且对社会有贡献的人。这一育人目标的实现，离不开教育心理学的理论支持与方法指导。

教育心理学为思政课教师提供了深入了解学生心理特点与需求的理论基础，使其能够精准把握学生思想发展的阶段性特征与个体差异。在此基础上，思政课教师可以借助教育心理学的理论框架，完善自身的教育理念，丰富教育内容，创新教育方法。通过将心理学原理融入教学设计，教师能够更好地激发学生的学习兴趣与主动性，增强教学的针对性与实效性。这种基于教育心理学的思政课教学模式，能够使教师在教学过程中充分发挥引领与主导作用，有效实现思政课的教学目标，进而促进学生全面、健康地发展。

（一）重视教育心理效应，完善思政课教学理念

在思政教育领域，思政课教学不仅是知识的传递，更是心灵的交流与思

---

① 王爱莲. 思政课教师课堂引领力研究 [J]. 中小学教师培训，2023（2）：5-8.

想的启迪。这一过程应充分重视教育心理效应，以此改进教学理念，提升教学效果。教育心理学的研究表明，心理效应在教学过程中起着重要作用，思政课教师应深刻理解并辩证运用这些效应，以发挥它们的积极作用，克服消极影响，从而不断完善教学理念。

首因效应作为一种重要的心理现象，强调第一印象在人际交往中的深远影响。在思政课教学中，教师与学生的初次接触至关重要。教师的外在形象、气质举止等都会迅速在学生心中形成第一印象，这一印象不仅影响学生对教师的评价，还直接关系到学生对思政课的学习态度。因此，思政课教师应重视首因效应，以良好的外在形象与专业素养，为学生留下积极的第一印象。同时，教师也要警惕首因效应可能带来的偏见，避免因对学生的第一印象而忽视其后续的发展与变化。通过辩证地运用首因效应，教师可以为后续的思政理论教育奠定良好的基础。

南风效应强调通过温暖与关怀来激发个体的内在需求，从而促使其自觉改变行为。在思政课教学中，教师应将人文关怀融入教学理念，关注学生的思想成长与情感需求。通过情感感染与心理关怀，教师能够激发学生的学习热情，使他们在感受到尊重与爱的同时，增强对思政课的认同感并提高参与度。这种以情感为纽带的教学方式，不仅符合思政教育的内在要求，还能有效提升教学的实效性。

罗森塔尔效应表明，教师对学生的合理期望能够激发学生的内在潜能，促使他们以积极的态度面对学习与生活。在思政课教学中，教师应重视罗森塔尔效应，通过全面客观地评价学生，给予他们合理的期望。这种期望不仅是对学生能力的认可，更是对其思想发展的引导。教师的期望能够激发学生的自尊、自信与自强心理，使他们在追求进步的过程中，逐步走向正确的思想发展道路。

通过重视教育心理效应，思政课教师能够更好地把握学生心理特点与需求，从而改进教学理念，提升教学效果。这种基于教育心理学的教学理念改进，不仅有助于增强思政课的说服力与感召力，还能为学生的思想发展提供更为科学、有效的引导，进而推动思政教育的高质量发展。

（二）融合教育心理学，丰富思政课教学内容

在思政教育的实践过程中，思政课教学作为培养学生思想道德素养和政治觉悟的关键环节，其内容的丰富性与针对性是实现教学目标的重要保障。

为此，融合教育心理学理论，尤其是情感教学理论与需求理论，成为充实思政课教学内容的有效途径。

情感教学理论强调情感因素在教学过程中的重要作用，认为情感是连接教师与学生、知识与实践的重要纽带。在思政课教学中，情感的融入能够有效促进学生对教学内容的理解与接受。教师应以真诚的态度表达观点与情感，尊重并信任学生，及时肯定学生的优点，从而赢得学生的好感与敬慕。这种积极的情感互动不仅有助于培养学生乐观进取的态度，还能促进学生将道德认识转化为道德行为。通过将情感教学理论融入思政课教学，教师可以借助社会重大事件或实践活动，激发学生的探究欲望与爱国情感，增强思政课的教学吸引力，进而提升学生的学习积极性与思想转化效果。

需求理论为思政课教学内容的优化提供了重要依据。学习需求是学习动机的核心，满足学生的心理需求是实现有效教学的关键。不同阶段的个体具有不同的心理需求，思政课教师应据此调整教学内容，以满足学生在不同阶段的实际需求。例如，针对大一新生对生理和安全的需求，教师可以增加安全知识教育或生命道德教育内容；对于大二、大三学生对爱、归属与尊重的需求，教师可以侧重于人际关系处理与自我教育的内容；对于大四毕业生对自我实现和职业发展的需求，教师可以加强就业指导与形势分析。通过精准把握学生的需求层次，思政课教学能够有效提高针对性与实效性。

思政课教学需要充分融合教育心理学理论，以情感教学理论丰富教学内容的情感维度，以需要理论提升教学内容的针对性，从而更好地实现教学目标。

（三）结合心理疏导，创新思政课教学方法

在探索思政课教学方法的创新路径中，融入心理疏导策略尤为重要。当前，思政课教育仍普遍采用传统的灌输式教学法，该模式以马克思主义理论为框架，旨在构建学生的世界观、人生观、价值观体系，其重要性不言而喻。然而，纯粹依赖灌输方式，忽视学生的主动参与及心理需求，可能导致教学效果不佳，学生处于被动接受状态，知识内化受限。因此，将心理疏导机制融入思政课教学，成为优化教学策略的有益尝试。

心理疏导的实践应遵循学生心理活动的内在规律，通过言语沟通及其他互动形式，有效解决学生的心理疑虑与思想困扰，提升其心理健康水平，提高其社会适应能力。

宣讲感染式心理疏导借助生动的宣讲技巧与语言艺术，激发师生间的情感共鸣与思想共振，以此为契机，介入并解决学生的心理问题。思政课教师可以通过此方式，针对不同学生群体（如新生的适应问题、毕业生的就业焦虑等）实施精准疏导，结合实例分析与技巧传授，既解决心理问题，又拨开思想迷雾，为思政课程的深入实施奠定良好基础。

对话说理式心理疏导，强调在平等、民主的交流氛围中，教师通过对话、辩论等形式，运用说理的艺术，引导学生理性审视自身心理问题与思想困惑，促进其心理健康发展。在此过程中，教师应秉持平等、尊重的原则，避免权威姿态，确保对话的开放性与互动性。当发现学生的心理或思想难题时，教师应采用温和对话的方式，建立信任桥梁，收集关键信息，进而针对性地给予引导与疏通。值得注意的是，对话说理是一个动态的双向交流过程，要求教师既要避免单向灌输，也要超越简单地倾听，通过信息互换与有效引导，解开学生心结，为思政教育的深化创造有利条件。

二、发挥学生的主观能动作用

在思政课教学实践中，充分发挥学生的主观能动作用，是实现教学目标与促进学生全面发展的重要途径。学生需要积极调整对思政课的态度，纠正个性倾向性偏差，构建正确的自我认知与行为模式，同时克服学习障碍，向策略型学习者转变，主动吸纳思政课的科学内涵，丰富个人理论体系。

（一）完善自我、追求自我独立

完善自我、追求自我独立，是学生在思政课学习中的核心任务之一。健全的自我意识，作为完善自我的基石，涉及多维度、多层次的心理活动。在大学阶段，学生自我意识迅速发展并趋于成熟，需要正确认知与评价自我，接纳自身的不完美，勇于自我解剖与分析，积极接纳新事物与新观念，不断重塑与发展自我，避免故步自封，从而构建良好的自我意识体系。在此基础上，学生应致力于培养健康的个性心理品质，提升学习需求层次，树立正确的理想信念与世界观，培养高尚的思想道德情操，追求个人价值与社会价值的统一，为社会发展贡献力量。

（二）善于学习、提高学习效率

成为策略型学习者，是提升思政课学习效率的关键。策略型学习者能够设定明确的学习目标，灵活运用学习策略，有效监控与调节学习过程，高效完成学习任务。在思政课学习中，学生需要掌握并内化学习策略，提高自我监控与调节能力，在无外界监督的情况下，主动获取思政教育知识，营造良好的学习环境，学会自我调节。同时，学生应善于监控学习行为，通过反思、评价、检查、反馈与调节等手段，确保学习行为与目标一致，养成反思学习习惯。此外，较高的学业自我效能感对培养策略型学习者至关重要，它直接影响学生的自我调控与学习成效。学生应树立学好思政教育理论知识的信心，设定合理的学习目标，正确归因学习问题，提升自我能力判断与主观信念，从而提高接受与吸收思政课教学内容的程度与质量。

三、挖掘心理环境的感染导向作用

心理环境的感染导向作用深刻影响着教学成效与学生心理发展。根据接触载体的不同，思政课教学的心理环境可分为课堂心理环境与朋辈心理环境两大方面，二者共同构成影响学生学习体验与心理状态的复杂网络。

（一）营造和谐的师生交往氛围，优化课堂心理环境

营造和谐的师生交往氛围是优化课堂心理环境的关键。课堂心理环境的营造实质上是一个潜移默化的教育过程，其核心在于建立良好的师生关系。思政课教师应坚持开放沟通的原则，深入了解学生的思想动态与心理需求，以平等、尊重的态度对待每一个学生，无论其表现如何，均给予充分的关注与鼓励，营造民主、公平的课堂氛围。在此基础上，教师应创新教学方法，如引入"微电影"等实践教学手段，激励学生主动参与课堂，通过让学生自编、自导、自演，深化其对理论知识的体验与理论，增强学生的课堂责任感与参与感，实现从被动接受到主动学习的转变，从而打破传统课堂的沉闷，营造轻松、愉悦的学习氛围，促进思政课教学效果的提升。

（二）营造健康的学生交往氛围，优化朋辈心理环境

营造健康的学生交往氛围，对优化朋辈心理环境至关重要。朋辈心理环境指学生在与朋友、同学交往中形成的心理氛围，其在学生心理发展中扮演着重要角色。鉴于学生更倾向于向同龄人倾诉与求助，思政课教师应积极搭建人际交往平台，如组织小组讨论、学生自学试讲等活动，促进学生间的相互了解与友谊深化，构建和谐的同学关系。同时，教师应开设人际交往专题讲座，解答学生交往中的疑惑，提供实用的交往策略。此外，教师应敏锐捕捉朋辈心理的变化，利用同龄人间情绪的相互感染与暗示作用，及时发现并

解决学生心理问题，通过同龄人的正面影响，促进学生对思政课内容的接纳与内化。教师还应重视同辈群体中"核心人物"的引导作用，通过做好其思想工作，带动整个学生群体对思政课的学习热情。针对学生的心理困惑，如适应问题、交往障碍与挫折应对等，思政课教师应开设专题辅导，解开学生心理困惑，引导学生树立正确的人生目标，以群体力量促进个体成长，更深入地融入学生群体，培养学生健全人格，增强思政课的实效性。

参 考 文 献

[1] 曹雅娟. 大学生思想政治教育心理环境研究 [D]. 郑州：郑州大学，2012.

[2] 陈超. 论大学生思想政治教育的心理环境及优化 [J]. 长春工业大学学报（高教研究版），2012，33（3）：131-132.

[3] 陈立思. 论"比较思想政治教育"的学科意识 [J]. 教学与研究，2010（2）：81-87.

[4] 陈思琪. 高校思想政治教育中的心理育人研究 [D]. 石家庄：河北师范大学，2021.

[5] 何犇，李艺，毛文林. 教育心理学 [M]. 成都：电子科技大学出版社，2020.

[6] 胡凯. 现代思想政治教育心理研究 [M]. 长沙：湖南人民出版社，2009.

[7] 孔德生，张微. 心理学视域下思想政治教育方法借鉴思考 [J]. 思想政治教育研究，2014，30（5）：78-80.

[8] 李辉. 思想政治教育接受心理机制研究 [D]. 石家庄：河北科技大学，2012.

[9] 李小萍. 认知心理视角下高校官方微信思想政治教育实效性研究 [D]. 南宁：广西大学，2017.

[10] 刘健婷，乔洋. 探讨高校思政课教学中教育心理学的运用 [J]. 现代职业教育，2018（10）：138-139.

[11] 刘瑞莲，徐小雪. 大学生思想政治教育接受机制与心理辅导研究 [J]. 黑河学院学报，2023，14（8）：38-41.

[12] 刘襄辰. 将心理疏导法应用于大学生思想政治教育的价值与实现理路 [J]. 三角洲，2024，（11）：148-150.

[13] 陆碧波. 思想政治教育心理学研究述评 [J]. 现代交际，2019（9）：169-170.

[14] 马广超. 群体心理视阈下的高校思想政治教育方法创新研究 [D]. 郑

州：郑州大学，2014.

[15] 孟凡镇 . 新时代思想政治教育心理学学科建设研究——评《思想政治教育心理学新论》[J]. 学前教育研究，2023（3）：95.

[16] 任宇佳 . 新时代大学生思想政治教育接受心理研究 [D]. 哈尔滨：黑龙江大学，2024.

[17] 舒志定 . 教育领导学学科建设范式论 [J]. 教育科学研究，2010（11）：12-16.

[18] 苏新慧 . 当代大学生思想政治教育接受心理机制研究 [D]. 上海：华东师范大学，2013：31.

[19] 孙霞 . 教育心理学理论在大学生思想政治工作中运用的研究 [D]. 重庆：西南政法大学，2005.

[20] 王爱莲 . 思政课教师课堂引领力研究 [J]. 中小学教师培训，2023（2）：5-8.

[21] 王海茹，吴会丽 . "三全育人"理念下心理育人与思想政治育人的协同共融研究 [J]. 大学，2023（7）：181-184.

[22] 王青 . 教育心理学视域下思想政治教育动力机制研究 [J]. 世纪桥，2024（23）：81-83.

[23] 王溪 . 学科关系视域下思想政治教育学对心理学的借鉴 [J]. 学术探索，2015（7）：148-151.

[24] 魏冬云，魏敏 . 运用教育心理学开展高校思政课教学的相关探讨 [J]. 中国培训，2016（20）：127.

[25] 谢元英 . 高校思想政治教育心理咨询法及其应用研究 [D]. 张家界：吉首大学，2013.

[26] 薛冰 . 心理育人视角下高校学生思想动态新特点与思想政治教育方法创新 [J]. 教育现代化，2018，5（46）：171-173+218.

[27] 闫婷婷 . 高校思想政治教育中心理咨询功能及应用途径分析 [D]. 太原：山西师范大学，2013.

[28] 杨彬 . 思想政治教育学科的人文精神内蕴 [J]. 思想政治教育研究，2007（2）：3-5+8.

[29] 姚斌 . 高校心理咨询的界限：法律与伦理的维度 [J]. 思想理论教育，2018（5）：89-94.

[30] 张铭钟，杨兴 . 大学生思想政治教育接受的心理机制和提升路径探析 [J]. 大学，2022（30）：97-100.

[31] 张云 . 教育心理学在高校思政课教学中的运用研究 [D]. 天津：河北工业大学，2014.

[32] 张云 . 思想政治教育心理学 [M]. 上海：上海人民出版社，2001.

[33] 赵平 . 思想政治教育视域下心理疏导问题的审思 [J]. 思想理论教育导刊，2018（3）：133-137.

[34] 朱旭，胡岳，江光荣 . 心理咨询中工作同盟的发展模式与咨询效果 [J]. 心理学报，2015，47（10）：1279-1287.

[35] 朱雨炜 . 教育心理学理论在高校思想政治教育工作中的运用研究 [J]. 教育教学论坛，2023（46）：137-140.

[36] 朱玉 . 心理疏导在大学生思想政治教育中的重要性 [J]. 才智，2022（33）：19-22.

[37] 祝永莉，杨福林 . 群体心理在大学生思想政治教育中的运用 [J]. 哈尔滨学院学报，2021，42（10）：124-126.

[38] 祖嘉合 . 思想政治教育方法教程 [M]. 北京：北京大学出版社，2004.